ENCUENTRO

Recibe la Libertad de Cristo

Joel Comiskey

CCS Publishing

www.joelcomiskeygroup.com

Publicado por CCS Publishing
23890 Brittlebush Circle
Moreno Valley, CA 92557 USA
1-888-511-9995

El títutlo original fue *Encuentro: Recibe la Libertad de Cristo*

Traducción y edición: CREED España.
Traductor: Samuel Alvarado.
Editores: Jorge Maldonado y Robert Reed.
Diseño: Josh Talbot.
Interior: Sarah Comiskey.

Todas las citas de las Escrituras, a menos que sean indicadas de otra fuente, son tomadas de la Santa Biblia, Nuevo Versión Internacional. Registro de propiedad literaria de la Sociedad Bíblica Internacional ©1999. Usada con permiso.

CCS Publishing es una parte del ministerio de Joel Comiskey Group, un ministerio dedicado a ofrecer recursos y asesoramiento a líderes e iglesias del movimiento celular mundial.**www.joelcomiskeygroup.com**

Catálogo del libro *Encounter* en inglés es:
Publisher's Cataloging-in-Publication
    (Provided by Quality Books, Inc.)
      Comiskey, Joel, 1956-
         Encounter: receive Christ's freedom / by Joel
      Comiskey.
         p. cm.
         Includes bibliographical references and index.
         ISBN 0975581929
         (*Encuentro* in Spanish ISBN 978-0-9843110-8-8)

         1. Spiritual life--Christianity.
         2. Self-actualization (Psychology)--Religious aspects--
Christianity. 3. Spiritual formation.   I. Title.

      BV4501.3.C6552 2007   248.4
                     QBI06-600330

Tabla de Contenido

Introducción

Este libro te ayudará a superar los pecados que tanto abaten la vida cristiana. La primera vez que estudié el material "Encuentro", el Señor Jesús lo utilizó para señalar con precisión áreas de rencor, impiedad y fortalezas satánicas en mi propia vida. Él me liberó y me mostró la importancia de tener un encuentro con Dios. Antes de este encuentro, en abril del año 2000, yo creía que una capacitación espiritual de este tipo podría ser de beneficio. Después del encuentro, recomiendo enfáticamente que todos en la iglesia lo estudien.

La voluntad de Dios es que te liberes de todo pecado — de toda adicción o esclavitud. Tenlo muy presente mientras estudias este libro. El escritor de Hebreos declara: "….despojémonos del lastre que nos estorba, en especial del pecado que nos asedia, y corramos con perseverancia la carrera que tenemos por delante" (12:1).

Algunos creen que la santidad equivale al legalismo. Ven la santidad como una cuestión negativa porque se enfocan en lo que no se puede hacer e ignoran todo lo positivo que se puede realizar. "Yo sólo vivo en el amor y la gracia de Dios" --dicen ellos. Pero la gracia de Dios siempre nos conduce a la verdadera libertad, que es la santidad. Si no resulta así, es porque se trata de algo falso. La Biblia dice: "Dios ha manifestado a toda la humanidad su gracia, la cual trae la salvación y nos enseña a rechazar la impiedad y las pasiones mundanas. Así podremos vivir en este mundo con justicia, piedad y dominio propio" (Tito 2:11–12). La gracia de Dios nos enseña a decir "No" a las adicciones, a los hábitos pecaminosos y a la esclavitud del pecado. El resultado es la santidad. La santidad equivale a la pureza. Jesús nos lleva por el camino de santidad donde se encuentran la libertad y la verdad.

Si piensas estudiar este libro a solas, te recomiendo que lo hagas con un asesor espiritual para que te pueda brindar ayuda, contestar tus preguntas, y también para que tengas alguien en quien confiar. En el apéndice, encontrarás algunas pautas para los asesores.

Recursos Adicionales

Encuentro es parte de una serie de cinco libros que conllevan a la madurez de un seguidor de Jesucristo. Si estás interesado en los otros cuatro libros que siguen en esta serie, puedes comprarlos en www.joelcomiskeygroup.com o llamando al teléfono 1-888-511-9995 o www.joelcomiskeygroup.com.

Puedes usar este libro de forma individual, en un pequeño grupo o en un salón de clases. Muchas iglesias usan este material en grupos. Es la manera más usual, pero no la única. Los bosquejos para la enseñanza y los PowerPoints para todos los cinco libros de asesoramiento de esta serie están en un CD. Puedes comprar ese CD en el sitio web o en el número telefónico que figura arriba. El Apéndice 2 ofrece algo de ayuda para realizar un Retiro de Encuentro, pero hay más ayuda en el CD.

Encuentro con Dios

Alguien trató de calcular cómo Moisés pudo haber cuidado a la multitud de israelitas en el desierto después de su salida de Egipto (Éxodo 11:21). Se calculó que la multitud habría requerido diariamente de mil quinientas toneladas de alimento, cuarenta y cuatro millones de litros de agua, y una superficie para acampar, cada vez que se detenían, de aproximadamente mil doscientos kilómetros cuadrados.

Dudo que Moisés se haya detenido a calcular, antes de salir de Egipto, la logística de lo que Dios iba a hacer. Él simplemente confió en que Dios se encargaría de todo. La Biblia dice: "Hablaba el SEÑOR con Moisés cara a cara, como quien habla con su amigo" (Éxodo 33:11). El poder milagroso de Dios tuvo que haber robustecido la confianza de Moisés. Dios realizó maravillas y milagros jamás vistos antes o después del Éxodo— agua que brotaba de las rocas, una columna de fuego que los guiaba de noche y una nube de día, maná que aparecía sobre la tierra, y codornices que volaban al campamento para dejarse capturar como alimento.

Sin embargo, Dios también disciplinó a Moisés, como un padre o una madre disciplina a sus hijos. Moisés aprendió lecciones importantes sobre lo que le agrada a Dios y sobre cómo acercarse a Él. Algunas de estas lecciones se escribieron para nuestro beneficio en Éxodo 33-34, cuando Moisés se preparaba para encontrarse con Dios en el Monte Sinaí.

La preparación para un encuentro con Dios

Moisés anhelaba tener más de Dios. Él quería conocer a Dios íntimamente. En Éxodo 33:18 Moisés dice: "... déjame verte en todo tu esplendor". Moisés esperaba que Dios actuara y que se mostrara.

Para realmente encontrarte con Dios necesitas pedirle que se te revele para llegar a conocerlo bien. Pregúntate: «¿Qué espero que haga Dios mientras que leo este libro?» Dios quiere cambiarte y transformarte. Deja que Él haga milagros en tu vida, así como lo hizo con Moisés. Espera que Él se manifieste y te muestre Su gloria. Por consiguiente, el primer principio es la expectación.

Dios tiene expectativas y objetivos para ti que exceden tremendamente cualquiera de los que tú tengas. Él quiere transformarte y sanar incluso los aspectos de tu vida que aún no conoces. En Isaías 55:8-9 Dios dice: "Porque mis pensamientos no son los de ustedes, ni sus caminos son los míos... Mis caminos y mis pensamientos son más altos que los de ustedes; ¡más altos que los cielos sobre la tierra!". Mantén una actitud abierta ante las cosas que Él te revelará.

Él te sorprenderá contestando tus oraciones de maneras que sobrepasarán tus expectativas. Efesios 3:20 dice: "Al que puede hacer muchísimo más que todo lo que podamos imaginarnos o pedir, por el poder que obra eficazmente en nosotros". La paráfrasis de la Biblia "The Message" (El Mensaje) lo expresa de una manera más explícita: "Dios todo lo puede, ¿sabes?—¡mucho más de lo que uno podría imaginar o pedir! Lo logra no por medio de Su imposición sino por la guía tierna de Su Espíritu muy adentro de nosotros". Pídele a Dios que obre de una manera sobrenatural en tu vida. Pídele que te renueve y que te llene. Pídele que haga cosas poderosas, cosas que nunca pensaste que fueran posibles.

El segundo principio, el principio de la participación, se encuentra en Éxodo 34:1–2. Dios le dijo a Moisés: "Prepárate para subir mañana a la cumbre del monte Sinaí y presentarte allí ante mí". Dios le pidió a Moisés que se preparara para el encuentro. Tú recibirás de este encuentro tanto como estés dispuesto a dar. Mientras que lees este libro, comprométete a obedecer la voluntad de Dios en tu vida. Recuerda lo que Dios dijo en el libro de Jeremías: "Me buscarán y me encontrarán cuando me busquen de todo corazón" (Jeremías 29:13).

¡Inténtalo!

Lee Hechos 1:14.
¿Qué estaban haciendo los discípulos mientras esperaban que viniera el
Espíritu Santo en Pentecostés?

_____

_____

_____

¿Qué puedes hacer como preparativo para tener un encuentro con Dios?

_____

_____

_____

_____

Dios siempre está listo para bendecir a los que le buscan. Observa
la disponibilidad de Jesús de sanar a los que se acercaban a Él con
corazones sinceros. Por ejemplo, un hombre con lepra se acercó a
Jesús diciendo: "Señor, si quieres, puedes limpiarme'. Jesús extendió
la mano y tocó al hombre. 'Sí, quiero', le dijo. '¡Queda limpio!' Y al
instante quedó sano de la lepra" (Mateo 8:2).

Lo que Dios quiere es que le busques y que te humilles ante Él. La
respuesta que te dará será mucho más de lo que esperas.

El tercer principio es la intimidad. En Éxodo 34:3 Dios le dijo
a Moisés: "Nadie debe acompañarte, ni verse en ninguna parte del
monte. Ni siquiera las ovejas y las vacas deben pastar frente al monte".
Como con Moisés, Dios quiere que el encuentro contigo sea personal
e íntimo. Él ya sabe todo acerca de ti, así que no puedes esconder nada
de Él. Hebreos 4:13 dice: "Ninguna cosa creada escapa a la vista de
Dios. Todo está al descubierto, expuesto a los ojos de aquel a quien
hemos de rendir cuentas".

¡Inténtalo!

En tus propias palabras, define el significado de cada palabra en relación a un encuentro con Dios:

Expectativa: _____

_____

_____

Participación: _____

_____

_____

Intimidad: _____

_____

_____

El plan de Dios para ti

En Génesis encontramos la historia de un hombre llamado Abram (Abraham). Dios le dio dos promesas claves a Abraham. La primera promesa era hacerle una gran nación. "El SEÑOR le dijo a Abram, 'Deja tu tierra, tus parientes y la casa de tu padre, y vete a la tierra que yo te mostraré. Haré de ti una nación grande y te bendeciré; haré famoso tu nombre y serás una bendición. Bendeciré a los que te bendigan y maldeciré a los que te maldigan; ¡por medio de ti serán bendecidas todas las familias de la tierra!'" (Génesis 12:1–3).

Como segunda promesa, Dios le dio a Abraham la tierra (Génesis 13: 14–17): "Después de que Lot se separó de Abram, el SEÑOR le dijo: 'Abram, levanta la vista desde el lugar donde estás, y mira hacia el norte y hacia el sur, hacia el este y hacia el oeste. Toda la tierra que Yo te daré a ti y a tu descendencia, para siempre, toda la tierra que abarca tu mirada. Multiplicaré tu descendencia como el polvo de la tierra. Si alguien puede contar el polvo de la tierra, también podrá contar tus descendientes. ¡Ve y recorre el país a lo largo y a los ancho, porque a ti te lo daré!'". La promesa acerca de la tierra le dio a Abraham paz y confianza, sabiendo que Dios tenía un plan perfecto para él.

Igual que con Abraham, Dios tiene planes de bendición y paz para tu vida. Desde el momento en el que fuiste concebido Dios ha estado trabajando para revelar ese plan perfecto, y todavía sigue trabajando. Él está preparándote para ese plan. Dios dijo a Su pueblo: "Porque yo sé muy bien los planes que tengo para ustedes --declara el SEÑOR-- planes de bienestar y no de calamidad, planes a fin de darles un futuro y una esperanza" (Jeremías 29:11). Durante este encuentro, reconoce que Dios está a tu favor y no en tu contra. Él tiene en mente lo mejor para ti.

¡Inténtalo!

Lee Isaías 48:18–19.
¿Qué hubiera pasado con los hijos de Dios si ellos hubieran escuchado a Dios?

_____

_____

_____

Escribe lo que crees que Dios quiere hacer en tu vida a medida que le escuches y le obedezcas:

_____

_____

_____

_____

_____

_____

Sellando las promesas de Dios

Despúes de que Abraham se enteró de las promesas de Dios, construyó un altar para honrar a Dios. Génesis 12:8 dice: "De allí se dirigió [Abraham] a la región montañosa que está al este de Betel, donde armó su tienda… También en ese lugar erigió un altar al Señor e invocó su nombre". En otra ocasión, Génesis 13:18 dice: "Entonces Abram levantó su campamento y fue a vivir cerca de Hebrón, junto al encinar de Mamre. Allí construyó un altar al SEÑOR". El altar era un conjunto de piedras que representaba la respuesta de Abraham a las promesas de Dios.

En nuestros días no juntamos piedras para construir un altar, pero debemos responder de una manera especial a la obra y a las promesas de Dios. Construir un altar figurativamente muestra nuestra esperanza y fe en Dios cuando respondemos a Sus promesas y a Sus palabras. La creencia firme de que Él contestará cuando presentamos nuestras peticiones ante Dios equivale a erigir un altar ante el Señor.

¡Inténtalo!

Verdadero o falso:

☐ Dios nos exige que hagamos un altar físico para mostrar nuestro compromiso

☐ Dios busca la respuesta del corazón.

☐ El Antiguo Testamento no tiene ninguna aplicación para nosotros hoy.

Las personas que Dios toca

Dios cambia las vidas para bien. La Biblia nos da muchos ejemplos de cómo Él hace esto.

Jacob era uno de los dos hijos de Isaac. Engañó a su hermano Esaú para recibir la bendición especial de su padre. Jacob tuvo que huir para salvar su vida cuando Esaú se enteró del engaño. Su vida, en la huida, estuvo llena de desilusiones. Muchos años después, cuando estuvo a punto de encontrarse con su hermano, pensando que éste quería matarlo, Jacob tuvo un encuentro con Dios. Génesis 32:30 dice: "Jacob llamó el lugar Penuel, diciendo "He visto a Dios cara a cara y todavía sigo con vida". Durante ese encuentro, Dios cambió la identidad de Jacob (Génesis 32:28) y le dio una nueva perspectiva (Génesis 33:10). Dios quiere darte una nueva identidad y una perspectiva correcta para tu vida. Así que, a medida que avances en tu encuentro con Dios, Él hará maravillas en tu vida.

¡Inténtalo!

Escribe tu propia oración pidiéndole a Jesús que te prepare para un encuentro con Él.

_____

_____

_____

_____

Aun el gran Rey David necesitó tener un encuentro con Dios. En un momento dado en su vida, David cometió adulterio y después asesinato, cuando envió al marido de la mujer a luchar en una batalla donde él sabía que sería muerto. David reconoció su pecado y le pidió a Dios que obrara profundamente en su vida: "Pero te confesé mi pecado y no te oculté mi maldad. Me dije: 'Voy a confesar mis transgresiones al Señor'" — y tú perdonaste mi maldad y mi pecado'" (Salmo 32:5). David experimentó la gracia y aceptación de Dios. Él dijo: "El sacrificio que te agrada es un espíritu quebrantado; tú, oh Dios, no desprecias al corazón quebrantado y arrepentido" (Salmo 51:17).

En el Nuevo Testamento Jesús encontró a una mujer en Samaria que tenía un pasado pecaminoso que pesaba sobre ella. En el momento de su encuentro con Jesús, su vida estaba desordenada (Juan 4:17–18). Sin embargo, Jesús la transformó. La Biblia dice: "Muchos de los samaritanos que vivían en aquel pueblo creyeron en Él por el testimonio que daba la mujer" (Juan 4:39–42). Dios quiere transformarte. Él quiere hacer para ti muchísimo más de lo que podrías pedir o imaginar.

> **¡Memorízalo!**
> Salmo 32:5 «Pero te confesé mi pecado y no te oculté mi maldad. Me dije: "Voy a confesar mis transgresiones al Señor" — y tú perdonaste mi maldad y mi pecado».

Todos necesitamos tener un encuentro con Dios

La Biblia nos dice cómo tener un encuentro con Dios. Necesitamos, como Moisés, esperar que Dios se revele. Dios pide nuestra participación, y necesitamos tener presente que sólo a Él rendiremos cuentas.

Quizás tengas, como Jacob, que dejar atrás el pasado, cambiar tu identidad y pedirle a Dios que transforme tu carácter. O quizás necesites sanar tus heridas, tener estabilidad emocional y una nueva reputación — como la mujer samaritana. O, tal vez como David, buscas un nuevo corazón, un nuevo espíritu y la alegría que viene del perdón de Dios.

> **¡Hazlo!**
> *Dile a Dios lo que buscas obtener de este Encuentro. Pídele que empiece ese trabajo especial en tu vida.*

Se necesita toda una vida para conocer a Jesús y tener una relación íntima con él. No se trata de un ritual. Y la oración que hiciste no es la meta sino el lugar por donde se empieza.

Dios puede hacer muchísimo más de lo que nosotros pudiéramos pedir o imaginar. Él está en el negocio de transformar vidas. Si se lo permites, Dios te transformará y te hará una persona íntegra. Abraham hizo un altar físico a Dios en contestación a las promesas que él recibió. Al igual que Abraham, debes responder a la obra de Dios en tu vida permitiéndole trabajar libre y totalmente en ti.

Comprende que Dios quiere liberarte de cualquiera y de todas las esclavitudes, ya sean adicciones, falta de perdón, maldiciones, experiencias negativas durante toda tu vida, o sentimientos de culpa. Sólo cuando somos libres del peso del pecado y de las heridas del pasado es cuando podemos comenzar a volar como el águila a las nuevas alturas de victoria y poder.

Hebreos 12:1–2 dice: «...Despojémonos del lastre que nos estorba, en especial del pecado que nos asedia y corramos con perseverancia la carrera que tenemos por delante. Fijemos nuestros ojos en Jesús, el iniciador y perfeccionador de nuestra fe».

¡Recuérdalo!

Para ti, ¿qué se destacó en esta lección? _____

_____

_____

_____

_____

_____

_____

_____

Puntos principales:

1. Dios quiere tener un encuentro contigo.
2. A ti te corresponde preparar tu corazón, esperar que Dios haga grandes cosas, y participar. Él se encargará de lo demás.

¡Aplícalo!

1. Piensa en lo que te gustaría que Dios hiciera mientras que lees este libro. Ten la expectativa de que Dios obrará en esas situaciones.

2. Di una oración como la siguiente para cada una de las personas que debes perdonar: *Padre quiero perdonar a (nombre de la persona) por haberme (nombra el acto ofensivo). Me siento (di la sensación o emoción) por esta situación.*

Notas del Capítulo

Notas del Capítulo

Notas del Capítulo

Recibe el perdón de Dios

Alguna vez, ¿has sentido el peso de los fracasos de tu pasado? Podría ser la carga acumulada de muchos errores o la pesada carga de una trasgresión importante. De cualquier modo, llevar una carga así se vuelve agobiante. Pero tenemos muy buenas noticias: «¡No tienes por qué seguir arrastrando esa carga por el resto de tu vida!». El perdón de Dios es una oportunidad para ser liberado de esa carga.

Escucha esta historia que Jesús contó. Había un hijo imprudente que le pidió su herencia a su padre. Cuando se la dio, el hijo la malgastó en malas opciones, una tras otra. El hijo pronto se encontró sin dinero, viviendo y comiendo con los cerdos y queriendo desesperadamente cambiar sus circunstancias. Habiendo llegado a ese punto, decidió humillarse y regresar a su padre. Él pensó: "Yo le diré: 'Papá, he pecado contra el cielo y contra ti'" (Lucas 15:18). El hijo realmente dudó de poder ser aceptado por su Padre, pero la Biblia dice: "Todavía estaba lejos cuando su padre lo vio y se compadeció de él; salió corriendo a su encuentro, le abrazó y le besó" (Lucas 15:20). Dios sigue respondiendo de la misma manera. Él da la bienvenida a Sus hijos que regresan a casa. Dios está listo para recibir, perdonar y bendecir a los que se vuelven a Él. Cuando tú estás abierto y eres honesto con Dios, Él te recibirá con gracia y te sanará. El plan de Dios es que caminemos en una relación correcta con Él. Esa relación involucra arrepentimiento y perdón.

El proceso del perdón — arrepentimiento

Observa que el hijo imprudente no trató de encubrir su necesidad. El arrepentimiento simplemente consiste en reconocer que Dios tiene razón, confesar el pecado y volverse a Él. Dios siempre tiene las manos extendidas, y está más que dispuesto para escuchar nuestra oración. Isaías 59:1-2a dice: «La mano del SEÑOR no es corta para salvar, ni es sordo su oído para oír. Son las iniquidades de ustedes las que los separan de su Dios».

Por lo tanto, el primer paso del verdadero arrepentimiento es comprender que la ofensa es principalmente contra Dios. Se debe confrontar cada pecado a fin de limpiar el camino para una relación correcta con Él. Me refiero al deseo de cambiar las actitudes, los pensamientos y las acciones que ofenden a Dios. David dijo: «Contra ti he pecado, solo contra ti, y he hecho lo que es malo ante tus ojos» (Salmo 51:4).

El segundo paso es confesar los pecados uno por uno. David dijo sobre su pecado: "Examíname, oh Dios, y sondea mi corazón; ponme a prueba y sondea mis pensamientos. Fíjate si voy por mal camino, y guíame por el camino eterno" (Salmo 139:23–24). A medida que Dios te revele áreas de tu vida que no le son agradables; confiésalas y renúncialas. Pídele a Dios que rompa la esclavitud en tu vida que fue causada por el pecado. Jesús dijo: "Ciertamente les aseguro, que todo el que peca es esclavo del pecado... si el Hijo los libera, seréis verdaderamente libres" (Juan 8:34, 36).

¡Inténtalo!

Completa los espacios en blanco:

Comprende que la ofensa es contra _____.

Confiesa los _____ uno por uno.

Pídele a Dios que _____ esa área específica de tu vida.

El tercer paso consiste en pedirle a Dios que transforme ese área específica de tu vida. Pídele a Jesús que convierta tu debilidad en fuerza. Romanos 12:1–2 dice: "Por lo tanto, hermanos, tomando en cuenta la misericordia de Dios, les ruego que cada uno de ustedes ofrezca su cuerpo como sacrificio vivo, santo y agradable a Dios. No se amolden al mundo actual sino sean transformados mediante la renovación de su mente". Recuerda siempre que el propósito final de Dios para ti es la transformación.

¡Inténtalo!

Lee Gálatas 5: 19-21.
Según el versículo 19, ¿de dónde vienen estos pecados?

_____

_____

¿Qué pecados de esta lista tienes que renunciar?

_____

_____

_____

Acepta el perdón de Dios

Muchas personas viven en la esclavitud porque no reciben el perdón gratuito que Dios les ofrece. Viven una vida de culpabilidad, pensando que Dios podría perdonar algunos de sus pecados pero que después les daría la retribución por otros. Sin embargo, la Biblia dice esto acerca de Dios: [Él es quien] «perdona todos tus pecados y sana todas tus dolencias; El que rescata tu vida del sepulcro y te cubre de amor y compasión» (Salmo 103:3, 4).

Dios conoce nuestra debilidad e incapacidad de lograr una posición de rectitud por medio del esfuerzo humano. Por eso envió a Su Hijo Jesús para que pagara el precio por nuestros pecados. La Biblia dice: "Todos andábamos perdidos como ovejas; cada uno seguía su propio camino; pero el Señor hizo recaer sobre Él la iniquidad de todos nosotros" (Isaías 53:6). Jesús pagó el precio por tus pecados con Su propia sangre. Tú puede recibir el perdón de Dios a través de Jesucristo.

¡Inténtalo!

Lee 1 Juan 1:9.
¿Qué dice este versículo a los que confiesan sus pecados?

_____

_____

_____

¿Qué te impide recibir el perdón de Dios?

_____

_____

_____

_____

_____

El mismo Jesús que murió en la cruz por nuestros pecados ofrece el perdón para todas las áreas de nuestra vida. Simplemente debemos recibir el perdón de Dios en cada área de la vida.

¡Memorízalo!
Romanos 8:31–32. "¿Qué diremos frente a esto? Si Dios está de nuestra parte, ¿quién puede estar en contra nuestra? Él quien no escatimó a su propio Hijo, sino que lo entregó por todos nosotros, ¿cómo no habrá de darnos, junto con él, todas las cosas?".

Impedimentos para recibir el perdón de Dios

Muchas personas no se perdonan porque basan el perdón en las buenas obras. Se sienten desilusionadas por su pobre desempeño, y la consecuencia natural es intentar pagar por sus defectos realizando más obras buenas que malas. Lo que resulta son sentimientos de culpa y autocondenación mientras que persiste la percepción de ser personas inmerecidas. Las personas se flagelan con la duda. Muchas continúan su vida de esta manera y nunca llegan a sentirse dignas del amor de Dios.

¡Inténtalo!

Verdadero o falso:

☐ El perdón de Dios depende de nuestras buenas obras.

☐ El perdón de Dios se basa en Su amor y gracia.

☐ Recibir el perdón de Dios sana.

Quizás te has sentido de este modo. Dios quiere que aceptes Su perdón en cada área de tu vida. Al no aceptar el perdón de Dios indicas que la muerte de Cristo en la cruz no fue suficiente. Sí, es cierto que Dios exige el pago por el pecado, pero Jesús ya ha pagado el precio por tu pecado y ha desviado la ira de Dios. Todo se ha cumplido. Créelo y recíbelo. Un hombre murió por todos para que tú puedas quedar libre.

Cuando una persona acepta plenamente el sacrificio de Cristo en la cruz como el pago por el pecado de una vez por todas, entonces el resultado es la libertad.

Otro impedimento para recibir el perdón de Dios es no entender la condición finita del ser humano. Sin lugar a dudas, como humanos somos imperfectos, inclinados a errar. Debemos recibir la verdad de que Dios nos ha perdonado, sobre todo cuando nos sentimos abrumados por la culpa de nuestros pecados, las malas decisiones o por no haber aprovechado las oportunidades de hacer lo correcto.

Tuve un compañero de cuarto que no podía perdonarse el haber dejado pasar la oportunidad de casarse con cierta mujer. Vivía con el sentimiento de culpa de no haber cumplido con la voluntad de Dios — o por lo menos, así lo pensaba él. Dios es más grande que nuestros errores. Él no quiere que vivamos con la culpa y las cargas que arrastramos. Jesús dice en Mateo 11:28–30: "Vengan a mí todos ustedes que están cansados y agobiados. Carguen con mi yugo y aprendan de mí, pues yo soy apacible y humilde de corazón, y encontrarán descanso para su alma. Porque mi yugo es fácil y mi carga es ligera". Detente por un momento e imagínate que esa promesa se vuelve realidad en tu vida. Después, permite que esa visión de descanso y libertad de tu pasado te motive a confiar en Dios y creer que Él te ama.

¡Hazlo!

Lee Romanos 15:7 y luego simplemente recréate en el pensamiento de que Dios te ama y te ha perdonado. Deja de luchar contra ti mismo y regocíjate porque Dios, por medio de Cristo, te ha aprobado como bueno.

Aceptemos el hecho de que somos finitos e imperfectos. Sólo Dios no falla jamás ni comete errores. No tenemos necesidad de excusarnos ante nuestras limitaciones o de defendernos porque la verdad es que simplemente no somos perfectos.

¡Recuérdalo!

Escribe una oración pidiéndole a Dios que te ayude a entender y aplicar una verdad que has aprendido de esta lección. _____

_____

_____

_____

_____

_____

_____

Puntos principales:

1. El arrepentimiento es un cambio de mente y de dirección. Involucra la confesión de nuestros pecados, negar el ego y vivir para agradar a Dios.

2. Muchas personas están en la esclavitud porque no aceptan el hecho de que Dios les ama y les está esperando para otorgarles el perdón.

¡Aplícalo!

1. Si te es difícil recibir el perdón de Dios, reconoce el problema y arrepiéntate. Puedes orar de la siguiente manera: *"Padre, reconozco que no he recibido Tu perdón. Me arrepiento por mi falta de no creer en todo lo que Tú has hecho por mí al enviar a Tu Hijo para morir por mí en la cruz. Recibo Tu perdón ahora".*

2. Reafirma tu confianza en Él, diciendo: *"Padre, yo reafirmo mi confianza y fe en Tu Palabra".* (Lee Salmo 103:12).

3. Después proclama tu libertad como un acto de fe: *«Padre, libremente recibo Tu perdón y tengo la certeza de que Tu perdón es suficiente para todos mis pecados porque Tú me has perdonado. Desde este momento sé que estoy libre de las ataduras del pasado, y Te pido que me llenes con Tu Espíritu".*

Notas del Capítulo

Notas del Capítulo

Notas del Capítulo

Perdón para otros

Te ha tocado alguna vez experimentar el dolor que se siente cuando alguien te hiere profundamente? Quizá sientas confusión cuando ves a la persona o cuando piensas en lo que pasó. Ahora piensa cómo sería si ya no tuvieras esa angustia del alma. Imagínate cómo sería todo tan diferente si no estuvieras atormentado por el pasado y si realmente le desearas cosas buenas a la persona que te hirió. ¡Dios quiere liberarte de esa carga y dolor! Eso fue lo que sucedió en mi vida. En 1985 yo era el único pastor durante el inicio de una nueva iglesia llamada Hope Alliance (Alianza de Esperanza). A pesar de los obstáculos, anhelaba desesperadamente sentir la afirmación entre batallas y éxitos.

Un día recibí una llamada telefónica de Ana, uno de los miembros. Pensé que ella me estaba llamando para pedirme algún consejo u oración. Me asombré cuando Ana dirigió sus quejas contra mí, diciéndome que yo era un fracaso, que nadie me quería, y que sería mejor que me dedicara a otra profesión. Sus palabras me hirieron profundamente en el alma. La herida pronto se convirtió en amargura. Al día siguiente, tuve que conducir el coche desde Long Beach a Fresno (en California) para asistir a una conferencia sobre Evangelización; iba hirviendo de resentimiento por todo el camino.

Recuerdo que durante ese largo e inquietante trayecto sus palabras me golpeaban en la mente sin cesar. Justo en las afueras de Fresno la amargura alcanzó un punto de estallido. Detuve el automóvil y clamé a Dios. En ese momento sentí que Dios claramente me decía al oído: "Joel, si tú no estás dispuesto a perdonar a Ana, yo tampoco perdonaré tus pecados". Abrí mi Biblia y leí estas palabras de Jesús: "Porque si perdonan a otros sus ofensas, también los perdonará a ustedes su Padre celestial. Pero si no perdonan a otros sus ofensas, tampoco su Padre les perdonará a ustedes las suyas" (Mateo 6:14,15).

Luché con Dios. ¿Cómo iba a perdonar a esta mujer que me hizo tanto mal y que me hirió tan profundamente? También comprendí que no podía vivir una vida llena de amargura. Dios ganó esa tarde. Le entregué a Jesús mi incapacidad de perdonar y la amargura que sentía, y Él aceptó la carga. Incluso llegué a disfrutar la conferencia. Cuando volví a Long Beach, descubrí que Ana era una persona profundamente herida y sus comentarios reflejaban esa herida. A veces no sabemos por qué las personas reaccionan de cierto modo y nos hieren. Aun así, Dios nos llama a perdonar.

Perdonar a otros

Jesús dice que si no perdonamos, Él no nos perdonará. Recuerdo cuando Dios grabo profundamente este versículo en mi alma. Jesús dijo: "Porque si perdonan a otros sus ofensas, también los perdonará a ustedes su Padre celestial" (Mateo 6:14). Ya hemos hablado sobre la recepción del perdón de Dios, pero si no estamos dispuestos a perdonar a los que pecan contra nosotros cerramos el flujo del amor y de la gracia de Dios hacia nosotros. Nosotros debemos perdonar.

¡Inténtalo!

Haz una lista de las heridas específicas de tu pasado que todavía no has perdonado:

_____

_____

_____

_____

_____

_____

La falta de perdón es una mala opción

Hay injusticias por todas partes. Personas son heridas todo el tiempo y a menudo sin tener la culpa. Ciertas personas se recuperan después de una tragedia mientras que otras se hunden en la desesperación y la amargura, y se les endurece el corazón.

Si acaso hubo alguien con derecho a volverse amargado fue un personaje de la Biblia que se llamaba José. José tuvo que soportar la muerte de su madre (Gén. 35:19) y además vivir con el odio de sus hermanos (Gen. 37:4). Ellos trataron de matarlo pero terminaron vendiéndole a unos comerciantes de esclavos que iban de camino a Egipto. Y por si fuera poco, en Egipto José fue traicionado de nuevo — esta vez por la esposa del amo de la casa, que era su dueño. Ella lo acusó de adulterio (Gen. 37:12–36). Él languideció en la prisión debido a esa falsa acusación. Después, en la prisión, el oficial principal del Faraón prometió ayudarle a salir (Gen. 39–40). Esa esperanza de nuevo fue aplastada por el olvido del oficial.

A lo largo de todo el dolor y el sufrimiento, José mantuvo su enfoque en el amor y la gracia de Dios. No permitió que su corazón se endureciera. Y a través de todas esas pruebas, Dios tenía un plan. Él levantó a José para que llegara a ser el segundo de a bordo bajo el mando del Faraón (Génesis 41).

La lección importante que podemos aprender sobre José es que él nunca permitió que el veneno de la amargura llenara y envenenara su vida. Cuando Dios lo levantó, José podía liderar con libertad y dar lo mejor de sí mismo. Al igual que José, vivimos en un mundo pecador e injusto, lleno de dolor, abandono, abuso, miedos, prejuicios, discriminación, heridas, soledad, rechazo, resentimiento y enojo.

Te puedes pelear con todos los que te han hecho mal, pero acuérdate de las palabras de Jesús: "Y cuando estén orando, si tienen algo contra alguien, perdónenlo, para que también su Padre que está en el cielo les perdone a ustedes sus pecados" (Marcos 11:25).

¡Inténtalo!

Lee Efesios 4:32.
¿Cómo debemos actuar unos con otros?

_____

_____

_____

¿En qué área de tu vida estás en conflicto por la falta de perdón de tu parte?

_____

_____

_____

_____

_____

_____

¿Qué significa perdonar?

Hace tiempo serví en una iglesia como pastor auxiliar en la que un pastor principal cometió una inmoralidad grave que hizo que docenas y docenas de personas se fueran de la iglesia. Este pastor confesó su pecado a la iglesia, y yo seguí trabajando a su lado. Mi nueva relación con él, sin embargo, era diferente. Ya no tenía la misma confianza en él, porque me entraba el temor de que volviera a suceder. Antes de su caída, me impresionó que él compartiera abiertamente sobre su desánimo espiritual y su falta de tiempo con Dios. Después de su caída, me quedaba preocupado cuando él compartía dichas cosas. Mi nivel de confianza había bajado tremendamente.

El perdón y la confianza no necesariamente coinciden. Debemos perdonar, pero se requiere tiempo para restaurar la confianza. La confianza, de hecho, no siempre se restaura, pero siempre debemos perdonar. Cuando perdonamos a otros, en realidad, el beneficio es para nosotros también. Nos liberamos del dolor, de recuerdos perjudiciales y del enojo. Vivir con la amargura nos despedaza el alma. A veces se desarrollan síntomas físicos indeseables.

Debemos perdonar para quedar libres de la esclavitud y de las ataduras. Perdonar a otros nos libera de emociones y sentimientos negativos. Realmente la palabra griega para "perdonar" quiere decir enviar lejos, liberar, cancelar. Cuando perdonas, reconoces el dolor que el pecado te ha causado y también tomas conciencia de lo que la otra persona te ha quitado. Pero después tienes que mentalmente liberar a la persona, o sea, cancelar la ofensa.

¿Cómo sabes que has perdonado a alguien?

No se puede responder a esta pregunta fácilmente. El perdón no significa olvidar la ofensa. Es prácticamente imposible olvidar los recuerdos de heridas pasadas.

El perdón, más bien, se mide por no alentar activamente un resentimiento cuando surge el recuerdo de la ofensa. Si alguien te ha herido, necesitas desasociar a esa persona del recuerdo malo cada vez que te viene a la mente. Tómalo por seguro que el mal recuerdo te vendrá a la mente no sólo en una o dos ocasiones, sino muchísimas veces. La ofensa de Ana, que mencioné anteriormente, me vino a la mente en numerosas ocasiones después de que la perdoné, pero cada vez también traje a la mente mi compromiso de soltar la ofensa.

¡Inténtalo!

¿Has soltado (perdonado) a los que te han herido en el pasado?

_____

_____

_____

_____

> **¡Hazlo!**
> Pide al Espíritu Santo que te dé el poder para perdonar (por ejemplo, dejar de alentar los sentimientos malos que guardas en la memoria).

Jesús ofrece la victoria

Lo más probable es que alguien o algo te haya herido. También recuerda que tú has herido a otros en algún momento. Las buenas noticias son que Jesucristo ofrece perdón y curación de todos tus pecados y ofensas. Refiriéndose a Jesús, Isaías 61:1–3 dice: "El Espíritu del SEÑOR omnipotente está sobre mí, por cuanto me ha ungido para anunciar buenas nuevas a los pobres. Me ha enviado a sanar los corazones heridos, a proclamar liberación a los cautivos y libertad a los prisioneros, a pregonar el año del favor del Señor y el día de la venganza de nuestro Dios, a consolar a todos los que están de duelo y a confortar a los dolientes de Sión. Me ha enviado a darles una corona en vez de cenizas, aceite de alegría en vez de luto, traje de fiesta en vez de espíritu de desaliento".

La Biblia dice esto sobre Jesús: "Él fue traspasado por nuestras rebeliones, y molido por nuestras iniquidades; sobre él recayó el castigo, precio de nuestra paz, y gracias a sus heridas fuimos sanados" (Isaías 53:5). Recibe Su perdón, pero también libera (suelta) a la persona que te ha ofendido.

Jesús ofrece una hermosa corona en vez de cenizas, aceite de alegría en vez de luto, un traje de fiesta en vez de un espíritu de desaliento. Quizá sientes la carga de la amargura ahora mismo, pero no es necesario. Jesús quiere quitarte esa carga de los hombros.

> **¡Memorízalo!**
> **Mateo 6:14 Jesús dijo: "Porque si perdonan a otros sus ofensas, también los perdonará a ustedes su Padre celestial".**

Pide que otros te perdonen

El tercer principio es pedir, con prontitud, que otros te perdonen. Proverbios 6:2–5 dice: "Si verbalmente te has comprometido enredándote con tus propias palabras, entonces has caído en manos de tu vecino…. Ve corriendo y humíllate ante él; procura deshacer tu compromiso. No permitas que se duerman tus ojos, no dejes que tus párpados se cierren. Líbrate, como se libra la gacela de la mano del cazador, como se libra de la trampa el ave".

Si te has equivocado y lo sabes, no permitas que el orgullo te diga que no importa. Más bien ve con la persona que has ofendido y pídele que te perdone. Jesús dijo: "Pero yo les digo que todo el que se enoje con su hermano quedará sujeto al juicio del tribunal. …. Por lo tanto, si estás presentando tu ofrenda en el altar y allí recuerdas que tu hermano tiene algo contra ti, deja tu ofrenda allí delante del altar. Ve primero y reconcíliate con tu hermano, después ve y ofrece tu ofrenda" (Mateo 5:22–24). Aun cuando tu hermano no quiera perdonarte, puedes descansar en la confianza de que has sido perdonado por Dios y has hecho lo que Dios te ha pedido (Lee 1 Juan 1:9).

Recuerda, Dios quiere bendecirte a través de este proceso. Él quiere liberarte de las heridas y de la amargura que surjen de la falta de perdón. Así que el perdón es una fuente no sólo para bendecir a la otra persona ¡sino también a ti!

¡Recuérdalo!

Escribe una oración pidiéndole a Dios que te ayude a entender y aplicar una verdad de esta lección:

_____

_____

_____

_____

_____

_____

Puntos principales:
1. Debemos perdonar (liberar, soltar) a otros por las ofensas y pecados que han cometido en contra de nosotros.
2. Cuando hemos ofendido a otros tenemos que rápidamente ir a ellos y pedirles perdón.

¡Aplícalo!
1. Pídele al Espíritu de Dios que te haga recordar a las personas que necesitas perdonar (por ej., padre, esposo, amigo).
2. Por medio de la oración y el poder de Dios, libera y suelta a las personas que te han ofendido.
3. Si necesitas orar una oración similar a la que hiciste en la última lección, házlo ahora. "Padre celestial, quiero perdonar a _____ [el nombre de persona] por _____ [nombre de la ofensa]".
4. Pídele al Espíritu de Dios que te haga recordar a las personas que has ofendido (por ejemplo, miembros de la familia, amigos o hermanos).
5. Escribe los nombres que Dios te ha revelado. Ora respecto a la acción que necesitas tomar (por ejemplo, cuándo y cómo acercarte a ellos, etc.)

Notas del Capítulo

Notas del Capítulo

El poder de la cruz sobre el pecado y

En las Crónicas de Narnia del autor C. S Lewis, la bruja blanca y los animales raros que son sus súbditos festejan el brutal asesinato de Aslan, el gran león. Edmundo se había vendido inconscientemente como esclavo a la bruja blanca y no tiene posibilidad ninguna de escapar a su destino. Aslan se ofrece él mismo a cambio de Edmundo, y la bruja blanca acepta. La bruja blanca y sus súbditos se regocijan cuando matan a Aslan pensando que habían ganado la guerra. Pero en realidad ganan sólo una batalla. Aslan muere, pero regresa a la vida para ganar la guerra.

En la cruz, Jesús triunfó sobre el pecado y Satanás. Satanás aparentemente derrotó a Jesús cuando Jesús se dejó colgar en la cruz. Pero Jesús triunfó sobre la cruz al resucitar. Y volverá para terminar en plenitud la obra que Él empezó.

La cruz resalta el poder y el triunfo de Dios sobre el enemigo. Por medio de la cruz Su poder se manifestó en la debilidad. Pablo dice: "El mensaje de la cruz es locura para los que se pierden; en cambio, para los que se salvan, es decir, para nosotros, es el poder de Dios" (1 Corintios 1:18).

Jesús cargó nuestros pecados en la cruz

En la cruz Jesús tomó nuestro lugar y pagó el precio requerido por el pecado. La Biblia dice: "Él fue traspasado por nuestras rebeliones, y molido por nuestras iniquidades; sobre él recayó el castigo, precio de nuestra paz, y gracias a sus heridas fuimos sanados… Pero el Señor hizo recaer sobre él la iniquidad de todos nosotros" (Isaías 53: 5, 6b). La buena noticia es que el precio ya ha sido pagado. No podemos agregar nada a lo que ya está cumplido.

La Biblia declara: "Al que no cometió pecado alguno, por nosotros Dios lo trató como pecador, para que en él recibiéramos la justicia de Dios" (2 Corintios 5:21). La Biblia está llena de buenas noticias debido a la cruz.

¡Inténtalo!

Lee los siguientes versículos y escribe los beneficios de la muerte de Cristo en la cruz por nosotros:

Romanos 5:1

_____

_____

2 Corintios 5:19

_____

_____

Juan 3:18

_____

_____

1 Corintios1:30

_____

_____

Hebreos 2:14-15

_____

_____

Cuando una persona muere cesa toda actividad. El Departamento de Servicios Sociales del Condado de Greenville en el estado de Carolina del Sur, Estados Unidos, equivocadamente envió una carta en cierta ocasión a una persona muerta. Decía la carta: "A quien corresponda: Los vales de alimentos que le fueron otorgados de la asistencia gubernamental se cancelarán inmediatamente porque se nos ha comunicado que usted ha fallecido. Puede volver a solicitarlos si se produce un cambio en sus circunstancias". La verdad es que la muerte es irreversible.

En base a lo que Jesús hizo en la cruz, debemos vernos como muertos al pecado y comprometidos a vivir para Jesús. Pablo dijo: "He sido crucificado con Cristo, y ya no vivo yo sino que Cristo vive en mí. Lo que ahora vivo en el cuerpo, lo vivo por la fe en el Hijo de Dios, quien me amó y dio su vida por mí" (Gálatas 2:20). La Biblia dice que nosotros también hemos muerto al pecado y a este mundo al optar por nuestra identidad con Cristo. Ya no deseamos las cosas que el mundo considera importantes.

¡Inténtalo!

Lee Romanos 6:11–14.
¿Qué explica Pablo sobre nuestra relación con el pecado?

_____

_____

_____

¿Cómo puedes aplicar esto en tu propia vida?

_____

_____

_____

_____

_____

_____

La cruz y la resurrección nos dan poder sobre Satanás y sus demonios. Algunas personas creen que Satanás y sus demonios son figuras imaginarias, inventadas por mentes creativas. Pero Jesús reconoció el poder de Satanás. Jesús emprendió la guerra contra el diablo cuando estaba sobre la tierra. Juan llama al diablo 'el dios de este mundo' (1 Juan 5:19). Él es quien engaña a los habitantes de este mundo. Él ciega las mentes de aquellos que no creen (2 Corintios 4:4).

¡Inténtalo!

Verdadero o falso:

☐ Debería inquietarnos Satanás y su poder.

☐ Hemos vencido a Satanás y sus demonios por medio de la sangre de Jesús.

☐ A Satanás se le conoce como el dios de este mundo.

Satanás y sus demonios existen hoy tanto como existieron en el tiempo de Jesús. Una de las tácticas importantes que tiene Satanás es la de engañar a las personas a pensar que sólo se trata de una caricatura con cuernos rojos y un trinchante. En un blog de Internet escribieron: "¿Es Satanás realmente tan malo como dicen? Pregunto porque ha sido personificado por tantos buenos actores (como Rodney Dangerfield, Harvey Keitel y Al Pacino) en papeles tan amables". Este blog reflejó la percepción tan ampliamente difundida — propiciada por el mismo Satanás— que Satanás y los demonios son figuras imaginarias como Santa Claus o el Conejito de Pascua.

¡Hazlo!

Clama el poder de Cristo, a través de Su muerte en la cruz, para superar cualquier área en tu vida en la que Satanás y sus demonios habrán influido. Pídele a Jesús que tome el control y que expulse de tu vida cualquier influencia demoníaca.

La astucia del enemigo

Satanás y sus demonios son maestros del engaño. Ellos controlan lo llamativo de este mundo y toda su capacidad engañosa. Y constantemente están engañando a las personas. Pablo dijo: "Para que Satanás no se aproveche de nosotros, pues no ignoramos sus artimañas" (2 Corintios 2:11). Dios quiere que estemos conscientes de las artimañas de Satanás para que no caigamos en sus trampas. El primer pecado, de hecho, ocurrió cuando Satanás tentó a Adán y Eva a comer del fruto prohibido cuando Dios les dijo estrictamente que no lo hicieran (Génesis 3:1–5).

¡Inténtalo!

Lee Mateo 4:3,7.
¿Cómo fue que Satanás tentó a Jesús en el desierto?

_____

_____

_____

_____

¿De qué modo te tienta Satanás?

_____

_____

_____

_____

_____

> **¡Memorízalo!**
> **1 Juan 4:4 "Porque Él (Dios) que está en ustedes es**
> **mayor que el que está en el mundo [Satanás]".**

La Biblia dice que necesitamos estar alerta a las artimañas de Satanás. 1 Pedro 5:8 dice: Practiquen el dominio propio y manténganse alerta. Su enemigo el diablo ronda como león rugiente, buscando a quien devorar». Juan el apóstol dijo: «Pero ¡ay de la tierra y del mar! El diablo, lleno de furor, ha descendido a ustedes, porque sabe que le queda poco tiempo» (Apocalipsis 12:12b).

¡Inténtalo!

Lee Colosenses 2:13–15.
¿Qué ha hecho Dios por nosotros, los que hemos creído en Jesús?

_____

_____

_____

_____

¿Cómo puedes aplicar estos versículos para vencer al diablo?

_____

_____

_____

_____

_____

_____

El triunfo de Cristo sobre los poderes demoníacos

No obstante el poder del demonio, la buena noticia es que Jesús triunfó sobre Satanás y sus demonios en la cruz. Estoy seguro de que Satanás y sus demonios estaban gozándose y disfrutando su victoria. "Ya lo tenemos justo donde queríamos" --habrán pensado cuando vieron a Jesús clavado en la cruz. Pero Dios en Su sabiduría eterna había determinado algo mucho más grande. La muerte de Cristo en la cruz y Su resurrección señalaron la derrota eterna de Satanás.

Jesús desarmó a Satanás y sus demonios al morir en la cruz. Y por esto ahora eres libre. Satanás ya no tiene poder sobre ti. Puedes caminar en victoria por lo que Jesús hizo en la cruz por ti.

¡Inténtalo!

Lee Apocalipsis 12:7–9.
¿Qué hace ahora Satanás, según estos versículos?

_____

_____

_____

¿De qué manera te ataca Satanás y sus demonios? ¿Cómo puedes luchar contra ellos?

_____

_____

_____

_____

_____

Jesús que está en ti es más poderoso que Satanás. Juan dice: "Porque Él [Dios] que está en ustedes es más poderoso que el que está en el mundo [Satanás]" (1 Juan 4:4). La sangre de Jesús en la cruz da protección y poder (Apocalipsis 12:11).

¡Recuérdalo!

De esta lección, ¿qué es lo que más te impactó? _____

_____

_____

_____

_____

_____

_____

_____

_____

_____

Puntos principales:
1. Cristo en la cruz conquistó al pecado y a Satanás.
2. Cristo tomó nuestros pecados en la cruz y ahora nos ofrece el perdón gratuitamente.

¡Aplícalo!
1. Reflexiona en lo que Jesús ha hecho por ti en la cruz.
2. Confiesa cualquier área de tu vida que no esté bajo el control de Cristo. Recibe el perdón de Cristo.
3. Reprende el control de Satanás sobre todas las áreas de su vida diciendo: "Satanás, en el nombre de Jesús, yo te reprendo y te exijo que salgas de _____ [nombra el área de tu vida]'.

Notas del Capítulo

Notas del Capítulo

El poder de la cruz para sanar las heridas emocionales

Durante la primera parte del siglo XX, J. C. Penney presidía un imperio de más de 1.700 tiendas comerciales en los EE.UU. En ese entonces él tenía la cadena más grande de grandes almacenes del país, pero todo eso cambió en 1929 cuando se desató la Gran Depresión. Penney se había sobrepasado con préstamos para financiar muchos de sus nuevos negocios. Los bancos solicitaron la liquidación de los préstamos antes de lo anticipado y Penney no pudo hacer los pagos a tiempo. La preocupación constante empezó a agotarlo. "Estaba tan atormentado con las preocupaciones que no podía dormir, y desarrollé una enfermedad sumamente dolorosa"-- dijo él. Penney ingresó al sanatorio de Kellogg en Battle Creek, Michigan. Estaba constantemente atormentado por períodos de desesperanza aguda. Se le menguaba incluso la voluntad de vivir. "Me ponía más débil día a día. Estaba lleno de desesperación, incapaz siquiera de ver ni un solo rayo de esperanza. Sentía que no tenía a nadie en el mundo, que hasta mi familia se había puesto en contra mía». Cuando Penney pensó que esa noche sería la última de su vida, escribió cartas de despedida a su esposa y a su hijo. Pero a la mañana siguiente, Penney despertó sorprendido de estar vivo. Caminando por el pasillo del hospital, escuchó voces cantando en la pequeña capilla donde se celebraba un culto devocional todas las mañanas. Entró a la capilla y escuchó los cantos, la lectura de las Escrituras y la oración. La letra del himno que se cantó fue así:

En tus afanes y en tu dolor, Dios cuidará de ti;
Bajo las alas de Su amor, Dios cuidará de ti.
Dios cuidará de ti, y por doquier contigo irá;
Dios cuidará de ti, nada te faltará.

"De repente, sucedió algo -- dijo él. No puedo explicarlo. Solo puedo decir que fue un milagro. Me sentí como si me hubieran alzado al instante de la oscuridad de un calabozo a la luz calurosa y brillante del sol. Me sentí como si me hubieran transportado del infierno al paraíso. Sentí el poder de Dios como nunca antes lo había sentido".

En un instante Penney supo que su vida se había transformado y que Dios lo amaba y que estaba allí para ayudarlo. "Desde ese día y hasta el presente, mi vida se ha visto libre de preocupaciones – declaró el señor Penny. Los veinte minutos que pasé esa mañana en esa capilla fueron los más dramáticos y más gloriosos de toda mi vida".

¡Inténtalo!

Lee Romanos 8:31–39.
¿Cuál es el tema principal de estos versículos?

_____

_____

_____

¿Por qué el saber que Dios nos ama es tan importante en la curación de las heridas emocionales?

_____

_____

_____

_____

_____

Dios quiere sanarte mental, emocional y espiritualmente

Dios quiere sanar tus heridas emocionales del pasado. Él quiere trabajar en nosotros y renovarnos. La voluntad de Dios es que nuestro yo interior sea renovado por Su Espíritu. La Biblia habla sobre tener un *nuevo yo*. Este nuevo estilo de vida trae paz y libertad. Algunos piensan que vivir para Dios impedirá nuestra propia libertad personal. La verdad es que al dar nuestra vida a Jesucristo y vivir para Él tendremos curación. Dios sana las emociones, los recuerdos y los sueños incumplidos.

¡Inténtalo!

Lee Colosenses 3:9–10.
Según estos versículos ¿en qué difiere el nuevo yo del viejo yo?

_____

_____

_____

_____

¿Cuáles son los cambios que has visto en su propia vida desde que te hiciste cristiano?

_____

_____

_____

_____

_____

La muerte de Cristo en la cruz no sólo perdona el pecado sino que también ofrece aliviar las emociones heridas y el dolor (Lucas 19:10). Refiriéndose a Jesús, la Biblia dice: "Ciertamente él cargó con nuestras enfermedades y soportó nuestros dolores, pero nosotros lo consideramos herido, golpeado por Dios y humillado. Él fue traspasado por nuestras rebeliones y molido por nuestras iniquidades; sobre él recayó el castigo, precio de nuestra paz, y gracias a sus heridas fuimos sanados" (Isaías 53:4–5).

Gran parte de nuestras heridas nos afectan en el ser interior causando emociones dolorosas, malas actitudes, miedos y enfermedades físicas. Dios quiere liberarnos del resentimiento, el rechazo, la depresión, la culpabilidad, el miedo y la condenación.

¡Hazlo!

Pídele al Espíritu Santo que te revele las áreas en las que has sentido rechazo. Después, ora a Jesucristo para que te sane de los temores y los malos recuerdos. La muerte de Cristo en la cruz proporciona la curación que necesitas para las heridas emocionales que has sufrido.

Tratar el rechazo

El racismo es un ejemplo de rechazo extremo. Los blancos dueños de esclavos rechazaban cualquier afirmación de que los negros fueran seres humanos. Incluso hoy, ciertos grupos desechan la evidencia histórica del Holocausto cuando Alemania, controlada por los nazis, intentó exterminar a la raza judía.

La mayoría de las personas no ha experimentado un rechazo extremo de ese tipo, pero todos hemos sentido alguna forma de rechazo. Algunas personas se recuperan del rechazo e incluso viven como si nada hubiera pasado. Pero otras, al sufrir rechazo se han visto muy afectadas emocionalmente, lo que les ha alterado profundamente la vida. Estas personas han interiorizado la experiencia en su psique, sitiéndose emocionalmente heridas y tremendamente degradadas en su dignidad como personas.

¡Inténtalo!

Lee Ezequiel 16:4, 6.
Aunque Ezequiel está hablando sobre la obra de Dios en la nación de Israel, ¿cómo podrías aplicar estos versículos a la obra de Dios en tu propia vida?

_____

_____

¿Cómo te anima o desanima el hecho de que Dios te conoce tan intimamente?

_____

_____

_____

_____

_____

Con frecuencia, las personas ponen barreras para protegerse del dolor que se siente al ser rechazadas. Pero resulta que las mismas barreras, muchas veces, sirven como un recordatorio del rechazo. Muchas personas tratan de hacerle frente al rechazo de forma silenciosa. Caminan por la vida de modo rutinario esforzándose únicamente para evitar un dolor mayor. Dios quiere ser el refugio y la fortaleza para estas personas; darles un lugar seguro para experimentar Su amor y Su aceptación — algo que todos anhelamos.

De hecho, el sentirse rechazado es una de las emociones más dolorosas de la vida. Se puede sentir un rechazo profundo a causa del abandono o la falta de amor de los padres. Quizás ocurrió por el divorcio de los padres, la muerte o el suicidio del padre, o por los hábitos destructivos de alguno de ellos (abuso, adulterio, violencia). Muchas parejas se casan con grandes expectativas del matrimonio, para sólo hallarse atrapados en un divorcio horrible. El rechazo en el matrimonio marca todos los aspectos de la vida y hace que ambos cónyuges se sientan condenados, devaluados y deprimidos. Algunas personas sufren el rechazo étnico y sus vidas se ven gravemente afectadas por el prejuicio de otros.

Sin el poder sanador de Dios muchos viven paralizados por el temor, gastan compulsivamente, se vuelven paranoicos, se ven dominados por la timidez, la obesidad, la desconfianza, la confusión, la incapacidad para admitir sus errores, la pereza o la depresión.

¡Inténtalo!

Reflexiona sobre las áreas en las que te has sentido rechazado en tu vida. ¿Cómo te enfrentaste a ese problema?

_____

_____

_____

_____

_____

_____

Deja que Dios tome esos sentimientos de rechazo, y permite que te llene con Su amor.

El gran amor de Dios y Su poder sanador

Por Su gran amor y bondad, Dios quiere sanarte y hacer que seas una persona completa. ¡Esto es una buena noticia! La Biblia dice: "En toda angustia de ellos él fue angustiado, y el ángel de su faz los salvó; en su amor y en su clemencia los redimió, y los trajo, y los levantó todos los días de la antigüedad" (Isaías 63:9). Dios y sólo Dios te puede sanar y darte la libertad. Él puede sanar a los que están emocionalmente heridos y sanar a todos los que necesitan Su ayuda.

¡Inténtalo!

Lee Salmo 139:15–16.

¿Por cuánto tiempo nos ha conocido Dios íntimamente?

_____

_____

¿De qué modo te alienta saber que Dios tiene un conocimiento íntimo de ti? ¿De qué manera te desanima?

_____

_____

_____

_____

_____

_____

_____

Dios nos conoce y nos ama. La Biblia dice: "Dios nos escogió en él antes de la creación del mundo para que seamos santos y sin mancha delante de Él" (Efesios 1:4). Dios sabía de tu condición aun antes de que nacieras. Él te ama y cuida de ti. Tú eres muy especial para Él, así que puedes acudir a Él con todas tus necesidades y deseos. Él te ama y tiene un plan perfecto para ti.

Cristo es nuestro sanador. Él fue "despreciado y rechazado por los hombres, varón de dolores, hecho para el sufrimiento. Todos evitaban mirarlo; fue desspreciado, y no lo estimamos" (Isaías 53:3). Él es el único que de verdad nos entiende y puede tratar con las dificultades que enfrentamos. Él te ama y cuida de ti. Eres especial para Él, y Él quiere hacer que tu vida también sea especial.

> **¡Memorízalo!**
> Isaías 53:5 «Él fue traspasado por nuestras rebeliones, molido por nuestras iniquidades; sobre él recayó el castigo, precio de nuestra paz, y gracias a sus heridas fuimos sanados».

Cómo recibir la sanación de Dios

¿Cómo se recibe la sanación de Dios? Primero, pon tu fe en Jesús para que te sane. Recibe Su amor y perdón en tu vida. No es posible que te intereses en otros, como Jesús quiere que lo hagas, sin que primero Jesús haga cambios en tu propia vida.

Ahora, vuelve a recordar esos dolorosos rechazos y deja que Dios obre en ti. Piensa en las personas y las situaciones que te causaron tanto dolor. Cree firmemente que Dios te pide que les perdones. A medida que Dios obra en ti también obrará por medio de tu vida.

Piensa en aquellos momentos cuando sentiste dolor, rechazo, humillación y turbación. Pídele al Espíritu de Dios que te muestre las áreas de tu vida que necesitan ser sanadas. Si es posible, anótalas en un papel.

G. Campbell Morgan fue un famoso predicador del siglo XIX. En 1888, estaba en la lista de las 150 personas a ser ordenadas por la Iglesia Metodista. Pasó los exámenes doctrinales. Luego vino la prueba del sermón. En un auditorio que cabían 1.000 personas sólo había tres ministros y otros 75 individuos que vinieron para escucharlo. Desde el púlpito, Morgan hizo lo mejor que pudo. Dos semanas después el nombre de Morgan apareció entre los 105 RECHAZADOS para el ministerio ese año.

Morgan estaba muy desanimado. Él escribió en su diario: «Todo se ve muy desalentador». Le mandó a su padre un telegrama con una sola palabra: "Rechazado". Al día siguiente su padre le contestó por carta: "Rechazado en la tierra. Aceptado en el cielo. Papá". Años después, Morgan dijo que la carta de su papá fue lo que le ayudó a superar ese momento difícil en su vida. Morgan recobró el ánimo y fue ordenado por la Iglesia Congregacional. Con el tiempo llegó a ser uno de los predicadores más grandes del siglo.

Tú ya fuiste aceptado por el cielo. Quizás hayas sentido el rechazo de las personas, pero sé que Dios te ha aceptado y te ama. Nunca serás rechazado por Dios. Él siempre te amará.

¡Recuérdalo!

De esta lección, ¿qué fue lo que más te impactó?

_____

_____

_____

_____

_____

_____

_____

_____

_____

_____

_____

Puntos principales:

1. Dios sabe todo acerca de cada rechazo que has experimentado
2. Jesús puede sanar cada herida emocional y toda confusión.

¡Aplícalo!

1. Nombra las áreas de rechazo o de heridas en tu vida (pide que el Espíritu Santo te revele otras áreas).

2. Permite que la gracia y el amor de Dios toquen esas áreas difíciles en tu vida. Deja que Él te sane. Recibe Su plenitud.

Notas del Capítulo

Notas del Capítulo

El poder de la cruz sobre las fortalezas

Randy, el director de una escuela primaria, fue una persona que me alentó mucho. Como líder en su iglesia, él estimulaba las nuevas ideas y siempre veía el lado bueno de las personas. Hablé con Randy el 31 de octubre cuando los dos asistimos a un evento evangelístico en una iglesia esa noche. Randy estaba a cargo de uno de los puestos de exhibición y, como siempre, estaba sonriendo y evangelizando. Esa noche fue la última vez que hablé con Randy. Unas pocas semanas después cayó muerto luego de sufrir un paro cardíaco fulminante.

Las arterias tapadas — ya sea por razones hereditarias o por los malos hábitos alimenticios — es una de las razones principales de los paros cardíacos súbitos como el que sufrió Randy. A veces cuando el flujo normal de sangre se detiene el corazón deja de funcionar.

Muchos creyentes en Cristo se ven felices e incluso asisten a los cultos con regularidad. Pero aun con todas las muestras superficiales del éxito y de alegría, existen obstáculos espirituales, muy semejantes a las arterias tapadas. A estos obstáculos los llamamos fortalezas.

¿Qué es una fortaleza?

Una definición básica de la palabra "fortaleza" es "recinto fortificado". La palabra se usa de modo positivo y negativo en la Biblia. Positivamente, la Biblia dice: "El SEÑOR es refugio para los oprimidos, un baluarte (fortaleza) en momentos de angustia" (Salmo 9:9). Negativamente, la Biblia dice: "Pues aunque vivimos en el mundo, no libramos batallas como lo hace el mundo. Las armas con que luchamos no son del mundo, sino que tienen el poder divino para derribar fortalezas" (2 Corintios 10:3–4).

Las palabras visuales de 2 Corintios 10:3–4 parecen referirse a la conquista de Canaán (en el Antiguo Testamento). Los israelitas tomaron posesión del territorio pero no todas las áreas quedaron bajo su control. Hubo ciertas áreas que permanecieron bajo el control de las naciones paganas y hubo puestos militares que se convirtieron en fortalezas y permanecieron así por muchos años, incluso siglos. Dios les dijo que si no derrotaban estas fortalezas enemigas, iban a permitir que sus enemigos les tomaran cautivos. Esto tiene aplicación en nuestras vidas, porque si no demolemos las fortalezas como la pornografía, el enojo, la amargura, etc., éstas empiezan a controlarnos. Aunque le hemos entregado la vida a Cristo, pudiera ser que ciertos aspectos de la vida los hemos alejado de Su control. Satanás entonces trata de posesionarse de ese territorio que mantenemos fuera del control de Cristo. El enemigo empieza a construir fortalezas en todos los aspectos que no hemos sometido a Jesús. Satanás aprovecha estas fortalezas impías para tomar cada vez más control sobre nuestra vida.

¡Inténtalo!

Identifica cada aspecto de tu vida que está fuera de Su control.

_____

_____

_____

_____

_____

_____

_____

_____

Preséntale a Dios cada uno de estos aspectos, pidiéndole que te sane y que te guíe.

Satanás y sus demonios buscan lugares de entrada

¿A qué clase de fortalezas nos estamos refiriendo? La Biblia nos da varios ejemplos. La Biblia dice: "Si se enojan, no pequen. No dejen que el sol se ponga estando aun enojados, ni den cabida al diablo" (Efesios 4:26). El enojo sería entonces un ejemplo de fortaleza.

Después está la fortaleza de la amargura. La Biblia dice: "Asegúrense de que nadie deje de alcanzar la gracia de Dios; de que ninguna raíz amarga brote y cause dificultades y corrompa a muchos" (Hebreos 12:15). Éstos son ejemplos de ataduras o fortalezas que mantiene a las personas esclavas del pecado.

Cristo quiere darnos vida abundante pero Satanás quiere destruirla. Satanás intenta disminuir la vida para poder destruirla; utiliza la estrategia de dividir para conquistar.

Renuncia a la fortaleza del engaño

Satanás es el mayor embustero que existe. Él sabe perfectamente cómo engañar a las personas. Levanta sectas falsas y falsedades religiosas para atrapar a la gente. Pablo dijo: "Pero me temo que, así como la serpiente con su astucia engañó a Eva, los pensamientos de ustedes sean desviados de un compromiso puro y sincero con Cristo. Si alguien llega a ustedes predicando a un Jesús diferente del que les hemos predicado, o si reciben un espíritu o un evangelio diferente del que recibieron, a ése lo aguantan con facilidad" (2 Corintios 11:3–4). Así como los falsos billetes de banco, las sectas y los falsos sistemas religiosos tienen muchos elementos similares a lo verdadero. La diferencia es que Satanás atrapa a las personas en religiones falsas y las mantiene esclavizadas con las falsedades.

Deuteronomio 18:10–11 dice: "Nadie entre los tuyos deberá… practicar adivinación, ni la brujería o hechicería, ni hacer conjuros, servir de médium espiritista, o consultar a los muertos". Según estos versículos en Deuteronomio, ¿cuál es la actitud de Dios hacia estas prácticas? En el Nuevo Testamento, Pablo enseña que la brujería es una obra de la carne (Gálatas 5:20) y los que la practican no heredarán el reino de Dios (Gálatas 5:21). "Cualquiera que practique estas costumbres se hará abominable al SEÑOR" (Deuteronomio 18:12). Ningún cristiano debe participar en una secta falsa o en prácticas que son contrarias a la Palabra de Dios.

Dios es un Dios santo. Él requiere que sólo le sirvamos a Él. Después de esta lección, tendrás la oportunidad de llenar un inventario espiritual para poder renunciar cualquier involucramiento, ya sea en el pasado o en el presente, en sectas falsas u otras prácticas demoníacas.

Dios quiere librarnos del engaño. Él quiere que liberemos nuestra vida espiritual para caminar en libertad. Para hacer esto, debemos renunciar a la participación en cultos falsos. Recuerda que Jesús murió para librarnos de toda esclavitud. ¡Y no es necesario agregar nada más a ese precio que ya ha sido pagado! Debemos clamar el pleno señorío de Cristo sobre cualquier aspecto de rebeldía en la vida.

¡Inténtalo!

Confiesa cualquier aspecto de tu vida dónde el pecado sigue reinando:

_____

_____

¿A quién(es) necesitas perdonar?

_____

_____

Libérate de la fortaleza que son tus hábitos adictivos

Las adicciones son comunes en nuestra sociedad. Tantas personas han caído presas de la adicción. Debido a nuestra naturaleza pecaminosa, caemos en la tentación que nos lleva a pecar, y el pecado se convierte en una oportunidad propicia para que el diablo controle nuestras vidas. A menudo las adicciones están relacionadas. Es decir, un pecado conlleva a otro (por ejemplo, el alcoholismo podría relacionarse con la pornografía).

Pablo dijo: "Por lo tanto, no permitan ustedes que el pecado reine en su cuerpo mortal, ni obedezcan a sus malos deseos" (Romanos 6:12). Él también dice en Gálatas: "Ustedes, mis hermanos, han sido llamados para ser libres; pero no se valgan de esa libertad para dar rienda suelta a sus pasiones. Más bien sírvanse unos a otros con amor" (Gálatas 5:13).

¡Hazlo!

Nombra un pecado particularmente adictivo. Dáselo a Jesús y cree que Él llevó esa área pecaminosa sobre Su cruz. Pide al Espíritu de Dios que te libere de ella.

Escoje la humildad para conquistar la fortaleza del orgullo

Ronald Reagan comentó lo siguiente acerca de un discurso que dio en la ciudad de México cuando él era gobernador de California: «Después de que terminé de hablar, me senté y escuché los aplausos sin entusiasmo del público, y me sentí un poco avergonzado. El orador que siguió habló en español—yo no sabía lo que él decía — pero le aplaudían prácticamente después de cada párrafo. Para esconder mi vergüenza, empecé a aplaudir antes que todos y durante más tiempo que los demás, hasta que nuestro embajador se inclinó hacia mí y me dijo: "Si yo fuera usted, no haría eso, él está interpretando su discurso".

Aunque se trató de un error muy inocente, el orgullo es uno de los pecados más mortales y más viejos. El orgullo le llevó a Satanás --en un tiempo un ángel muy hermoso-- a ser despojado de su morada celestial.

El orgullo es uno de los pecados que Dios detesta. Proverbios 16:18 dice: "Al orgullo le sigue la destrucción; a la altanería, el fracaso". Una persona orgullosa dice: "Yo puedo hacerlo solo. No necesito la ayuda de nadie — ni siquiera de Dios". Lo opuesto al orgullo es la humildad. Dios se complace con los humildes.

¡Memorízalo!
Santiago 4:10 "Humíllense delante del Señor, y él los ensalzará".

Renuncia a la fortaleza de las maldiciones; bendice a otros

Una maldición es un patrón de maldad y desobediencia que se pasa de una generación a otra por medio de costumbres familiales, hábitos y prácticas culturales. Satanás y sus demonios usan las costumbres y las conductas pecaminosas para esclavizar a la siguiente generación.

Jeff Tunnell vive en Big Bear City, California. Nació y se crió en Springfield, Illinois. Su papá era alcohólico y cuando se embriagaba abusaba físicamente de la madre de Jeff y de su hijo mayor. Este hermano, Clifford Joe (se llama como su padre) juró que jamás llegaría a ser como su papá. Sin embargo, el mismo año en que murió su papá de una intoxicación alcohólica, CJ sucumbió al alcoholismo. Esto fomentó la persistencia de la maldición, y CJ se ha divorciado tres veces. Su hijo mayor murió recientemente en un accidente durante un entrenamiento de pilotos de la armada naval, pero por la bebida y el rencor CJ no asistió al entierro. Jeff, al contrario, recibió a Cristo cuando era un adolescente y se formó como un seguidor maduro de Jesús; finalmente fue ordenado pastor. Dios le ayudó a Jeff a romper las costumbres pecaminosas (maldiciones) que caracterizan a su hermano. Todos los hijos de Jeff son seguidores de Jesús. Se deshizo la maldición de esa conducta maligna en la familia de Jeff, pero trágicamente persiste en la vida de CJ y su familia.

Las costumbres pecaminosas generacionales, con frecuencia, se pasan de una generación a otra. Me refiero a los estilos de vida que muy seguido continúan como la norma en cada generación (adulterio, infidelidad, abuso, abandono, divorcio, odio, vicios, miseria y violencia). Dios le dijo a Su pueblo cuando vivía entre las naciones que adoraban ídolos: "No te inclines delante de ellos ni los adores. Yo, el SEÑOR tu Dios, soy un Dios celoso. Cuando los padres son malvados y me odian, yo castigo a sus hijos hasta la tercera y cuarta generación" (Éxodo 20:5b). Los que rechazan los caminos de Dios terminan siguiendo las costumbres del mundo.

Las conductas malignas pueden empezar con algo pequeño que luego crece con el tiempo. Por ejemplo, algunos padres ponen una «maldición» sobre sus hijos apodándolos con frases como: "inútil", "eres igual a tu padre de borracho", "feo", etc. Esta forma tan malvada de tachar llega a inculcarse tanto en las generaciones posteriores que, a menos que Dios intervenga, llegan a ser la norma. Si estas costumbres caracterizaron la vida de tus antepasados o forman parte de la tuya, Jesús quiere librarte de todo esto y hacer que tu vida cambie por completo.

La buena noticia es que Dios quiere que se rompa esta tendencia. La Biblia nos enseña que existe una herencia de bendiciones más poderosa que la genética y que se relaciona con las decisiones y la dirección espiritual que cada familia escoge. Por medio del arrepentimiento y el compromiso con Cristo, podemos escoger un nuevo estilo de vida que bendecirá a las generaciones futuras (2 Corintios 5:17).

Necesitamos leer el resto de Éxodo 20:6: "Por el contrario, cuando me aman y cumplen mis mandamientos les muestro mi amor por mil generaciones".

El poder victorioso de Cristo

En la cruz Jesús cargó con todas las maldiciones que nos hemos causado o las que otros nos han impuesto. Él se convirtió en maldición por nosotros. Gálatas 3:13-14 dice: "Cristo nos rescató de la maldición de la ley al hacerse maldición por nosotros, pues está escrito: 'Maldito es todo aquel que es colgado en un madero'".

Jesús nos liberó de la maldición pronunciada por la ley. Los que persisten en vivir bajo la ley (intentando ser perfectos a través de las buenas obras) después de lo que Cristo ha hecho, retornan a una vida bajo la maldición.

¡Inténtalo!

Lee 2 Corintios 5:21.

¿En qué se convirtió Jesús por nosotros?

_____

_____

_____

_____

_____

_____

_____

¿Cómo puedes aplicar esta verdad ahora mismo?

_____

_____

_____

_____

_____

_____

_____

_____

Deshacer las maldiciones

Para vencer la desobediencia y la conducta que da lugar a las maldiciones tú debes:

1. Identificar costumbres de pecado y desobediencia en tu familia.
2. Orar por tu familia y tus amistades. Las personas en la Biblia comunmente confesaban como propios los pecados de sus antepasados.
3. Confesar cualquier pecado que has cometido o juramento impío que has hecho para seguir comportamientos pecaminosos o prácticas satánicas.
4. Rechazar la autoridad que tenga algún pecado en particular sobre tu vida y la de tu familia.
5. Perdonar a las personas que te hirieron, te maldijeron o te engañaron.
6. Comprometerte a bendecir a otros en lugar de maldecirlos.

Puedes hacer una oración como la siguiente: *"Padre Celestial, creo que en la cruz Jesús tomó todas las maldiciones que se han conjurado o las que en un futuro se pudieran conjurar en mi contra y de mis seres queridos. Así que te pido ahora que me liberes de toda maldición. También clamo a Ti para la liberación total de mi familia de todas estas maldiciones. En el nombre de Jesús te ruego que se deshagan específicamente las maldiciones de _____. Por la fe yo recibo la liberación total y te doy gracias por ello".*

¡Inténtalo!

Lee Jeremías 14:20. Toma en cuenta que Jeremías reconoce que sus antepasados habían pecado.
¿Cómo puedes aplicar esto a tu situación?

_____

_____

_____

La Biblia nos llama a anular las maldiciones por medio de nuestra bendición sobre aquellos que nos maldicen. 1 Pedro 3:9 dice: "No devuelvan mal por mal ni insulto por insulto; más bien, bendigan, porque para esto fueron llamados para heredar una bendición".

¡Inténtalo!

Lee Romanos 12:14, 21.
¿Cuál es el mensaje de Pablo en estos versículos?

_____

_____

_____

¿Cómo puedes aplicar estos principios en tu propia vida?

_____

_____

_____

_____

_____

_____

_____

_____

_____

_____

¡Recuérdalo!

¿Qué te gustaría compartir de esta lección con una persona cercana a ti?

_____

_____

_____

_____

_____

_____

_____

_____

Puntos principales:

1. Jesús murió y resucitó para liberarnos del pecado.

2. Los creyentes pueden caer en las garras del pecado, permitiéndole a Satanás un control sobre ciertos aspectos en la vida.

¡Aplícalo!

1. Contesta la encuesta de libertad espiritual incluida en el apéndice 3 de este libro. Por favor marca cada aspecto o situación en la que has caído en el pasado o con lo que estás luchando en el presente. Si tu familia ha caído o se encuentra en una o varias de las situaciones o pecados descritos, por favor encierra con un círculo el cuadro correspondiente.

2. Nadie más necesita leer esta encuesta. Lo que escribas queda entre tú y el Señor. Sé completamente honesto, permitiendo que el Espíritu Santo traiga a tu mente todas las situaciones que Él quiere sanar.

Notas del Capítulo

Notas del Capítulo

Notas del Capítulo

El poder de la cruz sobre la enfermedad y la muerte

Una hermana en el Señor, que llevaba muchos años como miembro de la iglesia, se reunió con el pastor para planificar su funeral. Ella quería tener la seguridad de que se cantaran sus himnos favoritos, que se la enterrara junto a su marido difunto y que la compra del ataúd no fuera una carga para sus hijos. Cuando parecía que habían comentado todo lo necesario, ella hizo una pausa, miró al pastor con un brillo en sus ojos, y dijo: "Una cosa más, pastor; cuando me entierren, quiero que me pongan mi vieja Biblia en una mano y un tenedor en la otra". "¿Un tenedor?" preguntó el pastor pensando que tal vez había escuchado mal. "¿Por qué quiere usted que la enterremos con un tenedor en la mano?" Ella contestó: "He venido pensando mucho en las comidas extraordinarias que he disfrutado a través de los años, y una cosa se me ha fijado en la mente. En esas reuniones tan espléndidas, cuando casi habíamos terminado de comer, la anfitriona pasaba a recoger el plato y nos decía: 'Quédese con el tenedor'. ¿Y sabe usted lo que eso significaba? ¡Que dentro de poco se iba a servir el postre!"

"Eso es precisamente lo que quiero que las personas comenten en mi entierro. Cuándo pasen al lado de mi ataúd y vean el tenedor, quiero que se pregunten unos a otros: '¿Por qué el tenedor?' Entonces quiero que usted les diga: 'El tenedor significa que lo mejor todavía está por venir!'"

Filipenses 3:20–21 dice: "En cambio, nosotros somos ciudadanos del cielo, de donde esperamos recibir al Salvador, el Señor Jesucristo. Él transformará nuestro cuerpo miserable para que sea como el cuerpo glorioso, mediante el poder con que somete a sí mismo todas las cosas". Lo mejor está todavía por venir cuando nos encontremos en el cielo con un nuevo cuerpo en la presencia de Jesucristo.

La cruz ayuda a vencer las dolencias y las enfermedades

El alivio del pecado ocurrió en la cruz, pero hay provisión también para la curación física por medio de las heridas de Jesucristo. Esto no significa que la muerte de Cristo automáticamente proporciona la curación como alegan algunos grupos. Dios es soberano y sana a los que Él escoge.

¡Inténtalo!

Lee 3 Juan 2.

¿Qué cosa está pidiendo Juan en oración?

_____

_____

_____

¿Cómo puedes aplicar esta oración a tu propia vida?

_____

_____

_____

_____

_____

En general, la enfermedad es la consecuencia de la presencia del mal en el mundo y a veces Dios interviene en la forma de una curación física milagrosa. La Biblia dice: "Ciertamente él cargó con nuestras enfermedades y soportó nuestros dolores,... pero el SEÑOR hizo recaer sobre él la iniquidad de todos nosotros" (Isaías 53:4a, 6b). El versículo 5 de ese mismo pasaje dice: "Él fue traspasado por nuestras rebeliones, y molido por nuestras iniquidades; sobre él recayó el castigo, precio de nuestra paz, y gracias a sus heridas fuimos sanados" (Isaías 53:5).

> ## ¡Hazlo!
> *Ora por alguien que necesita curación ahora mismo. Si tienes dolencias físicas, pídele a tu pastor o asesor que ore por ti.*

Muchas personas buscan alivio de la hipertensión arterial, de problemas mentales, de cáncer, de problemas cardiacos, del alcoholismo, o de enfermedades generacionales. Tú puedes orar y puedes creer que Dios impondrá Su mano sanadora sobre ellas. Él puede y está dispuesto a sanar.

> ## ¡Inténtalo!
> Verdadero o falso:
>
> ☐ Dios sanará a todas las personas que oran lo suficientemente fuerte.
>
> ☐ No podemos obligar a Dios a sanar a las personas porque Él es soberano.
>
> ☐ A la raíz de la enfermedad está el pecado y la presencia del mal en el mundo.

La cruz y la resurrección nos dan la victoria sobre la muerte

Poco después del descubrimiento del Nuevo Mundo, los europeos empezaron a hacer largos viajes atravesando el océano en espera de una nueva vida. Algunos buscaban aventuras. Otros querían libertad religiosa. Otros llegaron en busca de oro. Ponce de León, un conquistador español y sus hombres fueron los primeros europeos que exploraron Puerto Rico, parte de México y la Florida. En su búsqueda del oro, se encontraron con muchos pueblos nativos que les contaron de un manantial que surgía burbujeante de la tierra. Decían que este manantial tenía poderes mágicos. Cualquiera que bebiera del agua se sanaría de cualquier enfermedad y nunca moriría. Su cuerpo sería joven otra vez. Fue llamada "la fuente de la juventud". De León buscó durante toda su vida esta fuente; pero en 1521 una flecha envenenada acabó con su búsqueda.

¡Memorízalo!

Hebreos 2:14,15 "Por tanto, ya que ellos son de carne y hueso, él también compartió esa naturaleza humana para anular, mediante la muerte, al que tiene el dominio de la muerte, --- es decir al diablo— y librar a todos los que estaban sometidos a la esclavitud durante toda su vida".

Dios sana hoy, pero la curación máxima sólo viene a través de la muerte. Pablo dice en 1 Corintios 15:50–54: "Les declaro, hermanos, que el cuerpo mortal no puede heredar el reino de Dios, ni lo corruptible heredar lo incorruptible. Fíjense bien en el misterio que les voy a revelar: No todos moriremos, pero todos seremos transformados, en un instante, en un abrir y cerrar de ojos, al toque final de la trompeta. Pues sonará la trompeta y los muertos resucitarán con un cuerpo incorruptible, y nosotros seremos transformados. Porque lo corruptible tiene que revestirse de lo incorruptible y lo mortal de inmortalidad. Cuando lo corruptible se vista de lo incorruptible y lo mortal de inmortalidad, entonces se cumplirá lo que está escrito: 'La Muerte ha sido devorada por la victoria'".

En la cruz, Jesús conquistó la muerte. Él le quitó al diablo el poder que tenía sobre la muerte. Ya no moriremos eternamente porque tenemos la garantía de la resurrección. La Biblia dice: "Por tanto, dado que (los hijos) son de carne y hueso, él también compartió esa naturaleza humana para anular, mediante la muerte, al que tiene el dominio de la muerte — es decir, al diablo — y librar a todos los que por el temor a la muerte estaban sometidos a esclavitud durante toda la vida" (Hebreos 2:14, 15).

Satanás vino para matar y destruir. Él introdujo el pecado en el mundo y la muerte por medio del pecado, pero Jesús vino para darnos vida abundante y eterna (Juan 10.10b). Sin embargo, considera lo que dice Pablo sobre la muerte: "El último enemigo que será destruido es la muerte" (1 Corintios 15:26). Y la Biblia afirma: "La muerte y el infierno fueron lanzados en el lago de fuego. Este lago de fuego es la muerte segunda" (Apocalipsis 20:14).

¡Inténtalo!

Lee 2 Corintios 5:6–8.

¿Cuál era la preferencia de Pablo?

¿Qué clase de sentimientos tienes cuando piensas en la muerte?

_____

_____

_____

_____

_____

_____

_____

_____

_____

_____

_____

_____

_____

¡Recuérdalo!

¿Qué fue lo que más te impactó de esta lección?

_____

_____

_____

_____

_____

_____

_____

_____

Puntos principales:

1. La enfermedad y la muerte son parte de la experiencia humana. En la cruz Jesús no solo murió por nuestros pecados, sino que también hizo provisión para nuestra curación física.

2. Dios quiere que oremos confiadamente por la curación física, pero Él es soberano y escoge sanar a algunos y a otros no.

3. Finalmente, la mayor curación ocurrirá en el cielo cuando Dios nos dará un cuerpo nuevo.

¡Aplícalo!

1. Si estás enfermo o limitado por el miedo a la muerte, ora para que Dios te sane y te libere de todos tus miedos (si es posible, pide que alguien ore por ti).

2. ¿Te ha sanado Dios de alguna enfermedad? Medita en la realidad de poder acudir libremente a Él para hablar sobre todos tus problemas y dificultades.

Viviendo en victoria

Durante dos años viví en la ciudad de Pasadena, California, conocida por ser la sede del famoso Desfile de las Rosas que se realiza cada año el primero de enero. Un año, durante el desfile, un carro alegórico muy bonito de repente dio unos estallidos y se detuvo repentinamente. Se había quedado sin combustible. Todo el desfile se detuvo hasta que alguien llegó con un garrafón de gasolina. ¡Lo más gracioso fue que este carro alegórico representaba a la compañía de petróleo Standard Oil Company. Aun con los inmensos recursos de combustible de la empresa, el carro de la compañía se quedó sin gasolina. De manera muy similar, los creyentes frecuentemente descuidan su condición espiritual y, aunque una vez estuvieron llenos del Espíritu Santo, necesitan ser llenados de nuevo.

La llenura del Espíritu

En Efesios 5:18, Pablo escribió: «No se emborrachen con vino, que lleva al desenfreno. Al contrario, sean llenos del Espíritu». En el original griego, la frase «sean llenos» es un verbo en el tiempo presente para denotar que el Espíritu Santo no es una experiencia de una vez por todas sino una experiencia continua. La Biblia dice que debemos continuamente ser llenos del Espíritu.

La palabra "llenar" suena torpe al referirnos a la obra del Espíritu Santo en nuestra vida. El Espíritu de Dios no es un líquido, como el agua. No llena al creyente como si se vaciara leche en un vaso. El Espíritu Santo es Dios — El es uno con el Padre y el Hijo — pero también es una persona distinta y tiene todos los atributos de una persona. Por eso nosotros nos referimos al Espíritu Santo como la tercera persona de la Trinidad.

Porque el Espíritu Santo es una persona tiene más sentido hablar del control o la guía que el Espíritu Santo ejerce en nuestra vida. Dejarse guiar por el Espíritu Santo es una mejor manera de considerar nuestra respuesta a Su capacidad de tomar el control. Una persona que está llena del Espíritu se deja guiar por el Espíritu—de una manera tierna y amorosa. Una persona guiada por el Espíritu permite que el Espíritu Santo dirija y guíe cada decisión, plan y actividad. Precisamente porque el mundo, la carne y el diablo se oponen al estilo de vida controlado por el Espíritu, necesitamos ser llenados y renovados continuamente.

¡Inténtalo!

Lee Efesios 4:30.
¿Qué dice este versículo sobre la personalidad del Espíritu Santo?

_____

_____

_____

¿En qué situaciones a veces entristeces al Espíritu de Dios, y qué puedes hacer para cambiar esto?

_____

_____

_____

_____

_____

_____

_____

¿Quiénes deben recibir la promesa del Espíritu?

La Biblia dice que la promesa del Espíritu de Dios es para todos (Hechos 2:39). De hecho, nadie puede llegar a ser cristiano sin recibir el Espíritu Santo (Juan 3:3). Sin embargo, no todos están llenos del Espíritu. La llenura del Espíritu es algo que nosotros tenemos que pedir (Efesios 5:18).

Alguien ha dicho que esto es análogo a lo que pasa con la llama del piloto en una estufa. El piloto siempre está encendido, pero si realmente quieres cocinar, tienes que cambiar el control a la posición de "encendido". El Espíritu Santo se encuentra en cada creyente pero tenemos que pedirle que tome el control de nuestras vidas.

¡Inténtalo!

Verdadero o falso:

☐ Todos los creyentes reciben el Espíritu al nacer de nuevo.

☐ Dios promete llenar del Espíritu a todos los que le pidan.

☐ Todos los creyentes se llenarán automáticamente del Espíritu.

El Espíritu nos capacita para servir

Dios me llenó con Su Espíritu Santo, por primera vez, a principios de 1974. Aproximadamente cuatro meses antes, en septiembre de 1973, recibí a Jesús cuando hice una oración de salvación en mi alcoba. En ese momento, septiembre de 1973, me transformé en un cristiano, pero me faltaba el poder.

Durante los meses iniciales como cristiano tenía miedo de compartir a otros mi nueva fe en Cristo. Estaba cursando el último año de bachilleres y anhelaba desesperadamente tener el valor de compartir mi fe. La falta de poder espiritual me llevó a asistir a un culto de milagros de una comunidad llamada «Shekinah» que se reunía en una iglesia Cuadrangular en el centro de Long Beach, California.

Aunque respondí al llamado general que se dio al terminar el culto, sabía exactamente lo que necesitaba. Anhelaba el poder y la intrepidez para no avergonzarme de mi fe cristiana. Los ancianos de Shekinah oraron por mí para recibir la llenura del Espíritu Santo. El cambio en mí fue evidente al otro día. Mi vida se transformó totalmente desde esa noche en adelante. Empecé a llevar mi Biblia conmigo a todas partes, poniéndola en la esquina derecha de cada escritorio en el que me sentaba en el Instituto Millikan. Quería que las personas supieran que yo era un creyente — y que tenía la confianza para demostrarlo. Aun así, la experiencia que tuve en la comunidad Shekinah no fue suficiente. He necesitado de la gracia del Espíritu para recibir repetidamente Su llenura y Su poder.

¡Inténtalo!

No todos reaccionan del mismo modo cuando son llenos del Espíritu de Dios. Estas son algunas de las reacciones:

- La sensación de sentirse inundado por el amor de Dios (Romanos 5:5; Efesios 3:14–20).
- Sentirse facultado para servir (Hechos 6:3–5,10).
- La realización de señales y maravillas (Hechos 2:4–11, 31,; 5:12–16).
- Algunas personas (no todas) hablan en lenguas (Hechos 8:16–18;10:46).

¿De qué modo reaccionas tú cuando el Espíritu te ministra?

_____

_____

_____

_____

_____

_____

_____

No tienes por qué dudar de la promesa de Dios

Supe de una iglesia cuyo órgano eléctrico dejó de funcionar justo cuando se estaba cantando los himnos durante el culto de un domingo por la mañana. La organista no sabía qué hacer. Afortunadamente, el pastor estaba en control de la situación, y pidió a la congregación que siguieran con la lectura de la Biblia, pensando que al terminar de leer los guiaría en oración. Mientras que él leía las Escrituras, uno de los que auxiliaba al pastor se acercó a la organista sin que otros se dieran cuenta y le entregó una nota con un mensaje escrito: "Volverá la luz después de la oración".

¡La iluminación viene después de la oración! La Biblia aclara perfectamente la disponibilidad de Dios para llenarnos de Su Espíritu Santo. Todo lo que tenemos que hacer es orar. Jesús enseñó a Sus discípulos que el Padre celestial daría el Espíritu Santo libremente a cualquiera que simplemente se lo pida (Lucas 11:13). Pero Jesús no se quedó satisfecho con hablar sólo una vez del Espíritu Santo. En todos los evangelios, desde el principio hasta el fin, Jesús elevó las expectativas de Sus discípulos sobre el Espíritu Santo prometido.

¡Inténtalo!

Lee Juan 14:15–17.
¿Cómo llama Jesús al Espíritu Santo?

_____

_____

_____

¿Cómo te aconseja el Espíritu Santo?

_____

_____

_____

_____

_____

_____

El Espíritu Santo está deseoso, dispuesto y presto a trabajar en nosotros y a fluir a través de nosotros. ¡Pide y recibirás! Simplemente pide ser lleno del Espíritu Santo. La iluminación viene después de la oración.

¿Cómo recibimos el Espíritu Santo?

Al darnos cuenta de que el Espíritu Santo quiere bendecirnos y llenarnos, necesitamos pasar tiempo en Su presencia y pedirle una y otra vez que nos llene. Jesús nos dice en Juan 7:37 que tengamos sed del Espíritu. Aun cuando no tengas sed, puedes pedirle a Dios que ponga esa sed en ti (Apocalipsis 22:17). Jesús también nos invita a que nos acerquemos a Él para recibir el Espíritu.

¡Inténtalo!

Lee Juan 7:37–39.
¿Qué nos pide Jesús que hagamos?

_____

_____

¿Cómo puedes aplicar esto en tu vida esta semana?

_____

_____

_____

_____

_____

_____

Lo más importante que tenemos qué hacer es pedir. Jesús dijo: "Así que yo les digo: Pidan, y se les dará… ¿Quién de ustedes que sea padre, si su hijo le pide un pescado, le dará en cambio una serpiente? ¿O si le pide un huevo, le dará un escorpión? Pues si ustedes, aun siendo malos, saben dar cosas buenas a sus hijos, ¡cuánto más el Padre celestial dará el Espíritu Santo a quienes se lo pidan!" (Lucas 11:9–13). Dios quiere que nosotros pidamos y Él nos llenará.

¡Memorízalo!
Efesios 5:18 "No se emborrachen con vino que lleva al desenfreno. Al contrario, sean llenos del Espíritu".

Viviendo en el Espíritu

Hemos hablado de cómo ser llenos del Espíritu Santo, pero de igual importancia es poder vivir diariamente en el Espíritu.

Espero que a medida que has seguido las enseñanzas y las dinámicas de esta guía, el Señor te ha liberado. En un sentido, ser liberado es fácil, pero permanecer libre es difícil. A un paralítico sanado Jesús le dijo: "Mira, ya has quedado sano. No vuelvas a pecar no sea que te ocurra algo peor" (Juan 5:14). A la mujer adúltera él le dijo: "Tampoco yo te condeno. Ahora vete y no peques más" (Juan 8:11).

Hasta este punto has reconocido, probablemente, que Jesús ha estado trabajando en tu vida. Ahora es importante que camines diariamente con Él. Por favor, sigue estudiando y creciendo. Pablo dijo: "Si el Espíritu nos da vida, andemos por el Espíritu" (Gálatas 5:25). Permíteme sugerir varias maneras en que puedes caminar "por el Espíritu".

Primero, necesitas dominar la disciplina de cumplir diariamente con un tiempo devocional con Jesucristo. ¡El próximo libro de esta serie se llama "¡Crece! Profundiza tu relación con Cristo". Aunque tu iglesia emplee un libro de entrenamiento diferente, por favor lee mi libro titulado "Una Cita con el Rey" (*An Appointment with the King*). Creo que es el libro más importante que he escrito porque resalta cómo pasar un tiempo devocional de calidad diariamente con Jesucristo.

Para mantenerte en sincronización con el Espíritu, asegúrate de participar activamente en un grupo celular y en la celebración del culto de adoración. Hebreos 10:25 dice: "No dejemos de congregarnos, como acostumbran hacerlo algunos, sino animémonos unos a otros, y con mayor razón ahora que vemos que aquel día se acerca".

Si estás estudiando los cinco módulos o libros de este curso de capacitación espiritual, te pido que tengas en cuenta que cada libro o módulo incluye una dinámica principal correspondiente.

Primer módulo: *Vive: Experimenta la Vida de Cristo.*
Dinámica principal: bautízate.
Segundo módulo: *Encuentro: Recibe la Libertad de Cristo.*
Dinámica principal: Rompe con los hábitos pecaminosos.
Tercer módulo: *Crece: Profundiza tu Relación con Cristo.*
Dinámica principal: Pasa un tiempo de devoción diariamente con Jesús.
Cuarto módulo: *Comparte: Expresa la Realidad de Cristo a otros.*
Dinámica principal: Haz amistad con personas que no son creyentes y comparte el mensaje del evangelio con ellos.
Quinto módulo: *Dirige: Guía a un Grupo Pequeño a Experimentar a Cristo.*
Dinámica principal: Facilita un grupo celular o forma parte de un equipo de multiplicación.

Los libros citados en el párrafo anterior son útiles como guías para que progreses y crezcas en Cristo. Aunque uses un material diferente, lo más importante es que sigas la guía del Espíritu y que progreses en la vida cristiana.

¡Hazlo!
Lee Romanos capítulo 8 y aplica lo que Pablo dice sobre vivir en el Espíritu. Proponte estudiar el próximo módulo de este curso.

Ante todo, busca vivir una vida que honre a Cristo. Él viene pronto y qué alegría será oírle decir: "Hiciste bien, siervo bueno y fiel" (Mateo 25:23).

¡Recuérdelo!

Para ti, ¿qué se destacó más en esta lección?

_____

_____

_____

_____

_____

_____

_____

_____

Puntos principales:

1. El Espíritu Santo es una persona y quiere tomar el control de nuestras vidas. Estar lleno del Espíritu es una experiencia continua que consiste en permitir que el Espíritu Santo nos guíe.

2. Si una persona desea la plenitud del Espíritu y acude a Dios y le pide que le dé el Espíritu Santo, el Espíritu Santo llenará a esa persona.

3. Andar diariamente en el Espíritu es de igual importancia como ser lleno del Espíritu.

4. Sigue avanzando en tu vida cristiana. Toma el siguiente paso en pos de Cristo.

¡Aplícalo!

1. Cuando estés a solas, pídele al Espíritu Santo que te llene.

2. Escribe con precisión y detalle el aspecto de tu vida donde más te sientes tentado o donde más crees que te puedes desviar. Piensa en lo que necesitas hacer para evitar la trampa de esas tentaciones. Entonces ora así: "*Señor, yo escojo la obediencia a Ti en cada parte de mi vida y en cada decisión que tome*".

Notas del Capítulo

Notas del Capítulo

Notas del Capítulo

Notas del Capítulo

Notas del Capítulo

Notas del Capítulo

Notas del Capítulo

Cómo asesorar a otros usando este material

Muchas iglesias estudian este material en grupos. Esta es la manera normal de usar el material, pero no es la única. Si tú escoges enseñar a un grupo, podemos proporcionarte, en un CD, bosquejos y PowerPoints de los cinco libros de capacitación. Compra este CD en www.joelcomiskeygroup.com o llamando al 1-888-511-9995.

Otra manera de entrenar a alguien es pedir que la persona complete cada lección individualmente y, entonces, pedir a un cristiano maduro del mismo sexo que lo asesore. El/a asesor/a hará que el/a «aprendiz» se responsabilice por completar la lección y comparta lo que está aprendiendo.

Creo que es útil tener varios métodos para enseñar este material. El hecho es que no todos pueden asistir a las reuniones de entrenamiento en grupo. Pero no por eso se tiene que dejar de dar el entrenamiento a la persona que lo necesite. El asesoramiento es una buena opción.

Asesora al aprendiz mediante el uso del material

De preferencia, el asesor se reunirá con el aprendiz después de cada lección. A veces, sin embargo, el aprendiz completará más de una lección y el asesor combinará esas lecciones cuando se reúnan.

El asesor es una persona que ya conoce el material y ha ayudado a otras personas en el proceso de entrenarse. Además, un asesor debe tener:

- una relación íntima con Jesús,
- buena voluntad y un espíritu dispuesto a ayudar. El asesor no necesita ser un «maestro». El libro mismo es el maestro — el asesor simplemente hace que el aprendiz le rinda cuentas hacién-

dole preguntas y estimulándole a la oración.

Yo recomiendo mi libro, *Cómo ser un Excelente Asesor de Grupos Celulares,* para entender más acerca del proceso del asesoramiento (este libro también puede adquirirse en www.joelcomiskeygroup.com o llamando al número 1-888-511-9995. Los principios en *Cómo ser un Excelente Asesor de Grupos Celulares* no sólo se aplican al asesoramiento para asesorar a los líderes celulares sino también para asesorar a un aprendiz.

Yo recomiendo los siguientes principios. El asesor debe estar dispuesto a:

- Recibir de Dios. El asesor debe recibir la iluminación de Jesús a través de la oración para que tenga algo que compartir con el aprendiz.

- Escuchar a la persona. El trabajo del asesor es escuchar lo que el aprendiz ha respondido en la lección. El asesor también debe escuchar las alegrías, luchas y motivos de oración del aprendiz.

- Animar y alentar al aprendiz. Lo mejor que el asesor pueda hacer, a menudo, es señalar las áreas positivas del aprendiz. Yo insisto en que los asesores sean muy positivos e infundan aliento. Todos estamos muy conscientes de nuestros fracasos y a veces los tenemos muy presentes. El ánimo ayudará al aprendiz a seguir adelante y anticipar con gusto cada lección. Intenta empezar cada lección señalando algo positivo sobre la persona del aprendiz y sobre lo que él o ella está haciendo.

- Cuidar a la persona. Las personas que asesoras pueden estar luchando con algo por encima y más allá de la lección. El material puede evocar un área problemática. Los buenos asesores estarán dispuestos a tocar esas áreas profundas de necesidad por medio de la oración y el consejo. Y es completamente aceptable que el asesor simplemente diga: «No tengo una respuesta ahora mismo para tu dilema, pero conozco a alguien que la tiene». El asesor puede consultar con su propio asesor para tener una respuesta y luego llevarla a la sesión de la semana siguiente.

- Desarrollar/entrenar a la persona. Se espera que la persona haya leído ya la lección. La meta del asesor es facilitar el proceso de aprendizaje haciendo preguntas específicas sobre la lección.

- Trazar una estrategia con el aprendiz. El trabajo del asesor es que el aprendiz sea responsable de completar la siguiente lección y/o terminar la actual. El papel principal del asesor es ayudar al aprendiz a mantener el ritmo de estudio y conseguir que saque el mayor provecho posible al material.
- Desafiar a la persona. Algunos piensan que cuidar es bueno pero confrontar es malo. Debemos combinar las acciones de cuidar y confrontar porque eso es lo que la Biblia promueve. Si realmente nos importa la persona, la confrontaremos. El Espíritu podría mostrarte áreas en la vida del aprendiz que necesitan colocarse bajo el Señorío de Cristo. El mejor enfoque es pedir permiso. Podrías decir: «Tomás, ¿me permites hablarte sobre algo que he notado?». Si la persona te da permiso, entonces podrás decirle lo que el Señor puso en tu corazón.

Primera sesión

Creemos que cuando el asesor se encuentra con el aprendiz, el Espíritu Santo guia la sesión. La creatividad y flexibilidad deben reinar. Recomiendo, sin embargo, los siguientes principios:

- Conoce a la persona. Una buena manera de empezar es mediante las Preguntas Cuáqueras. Estas ayudarán a que se conozcan el uno al otro. Después de la primera semana, el asesor puede comenzar con oración y simplemente puede preguntar sobre la vida del aprendiz (por ej., familia, trabajo, estudios, crecimiento espiritual, etc.).

Preguntas Cuáqueras

1. ¿Dónde viviste entre los 7 y los 12 años?
2. ¿Cuántos hermanos y hermanas tenías?
3. ¿Qué forma de transporte usaba tu familia?
4. ¿Con quién te sentías más íntimamente vinculado durante esos años?

- Sé transparente. Como tú ya has completado este material, comparte tus experiencias con el aprendiz. La transparencia logra mucho. Los grandes asesores comparten tanto victorias como derrotas que han tenido en la vida.

"Preguntas de Asesoramiento" para usar todas las semanas

Un buen asesor hace muchas preguntas y escucha muy atentamente. La meta es indagar cómo el aprendiz puede aplicar el material a su vida diaria. Las preguntas clave para levantar en cada oportunidad son:

1. ¿Qué te gustó más de la(s) lección(es)?
2. ¿Qué te gustó menos de la(s) lección(es)?
3. ¿Qué te fue difícil entender?
4. ¿Qué aprendiste sobre Dios que no sabías antes?
5. ¿Qué necesitas hacer ahora con esa nueva información?

El asesor no tiene que hacer cada una de las preguntas anteriores, pero es bueno tener un patrón, así el aprendiz sabe qué esperar cada semana.

El modelo a seguir cada semana

1. Prepárate espiritualmente antes del comienzo de la sesión.
2. Lee la lección de antemano, recordando los pensamientos y las preguntas que tuviste cuando estudiaste el material.
3. Comienza la sesión con oración.
4. Haz las preguntas de asesoramiento.
5. Confía en que el Espíritu Santo moldeará y formará al aprendiz.
6. Termina con oración.

Instrucciones para dirigir un retiro de Encuentro

Dos cosas esenciales se destacan en la preparación para un Retiro de Encuentro: la preparación de la adoración y la planificación diligente de los horarios.

La Adoración y la Oración

Es necesario planear y preparar de antemano la música y las canciones de adoración. Lo ideal es tener un líder de adoración. Si esto no es posible, se debe intercalar canciones de adoración y oraciones cortas a lo largo del retiro.

El líder de adoración también debe estar listo a tocar canciones de adoración cuando se le solicite, tocar música de fondo y, sobre todo, preparar aproximadamente siete juegos de canciones de adoración (como tres canciones de adoración por sesión) para tocar durante el retiro. Normalmente le pido al líder de adoración que toque un juego de canciones antes de que se presente cada una de las lecciones. A veces le pido al líder de adoración que toque unas canciones como intermedio durante una sesión larga.

Recuerda que la oración y la adoración forman el ambiente que hace que los retiros sean eficaces.

Tú y el equipo de oración deben orar antes de comenzar el encuentro.

El uso de este libro

Cada miembro debe de tener una copia de este libro para seguirlo durante la capacitación. El material de instrucción que ofrezco en el CD sigue de cerca al libro y lo complementa.

Este libro ofrece ejemplos más personales y ejercicios, mientras que el material de instrucción en el CD aparece como un bosquejo.

Varios horarios

Si estás usando el formato de retiro para pequeños grupos, puedes optar por tres posibles horarios. Si se dispone de tiempo y se quiere pasar más tiempo en la presencia de Dios, yo recomiendo el horario de tres días (desde la noche del viernes hasta la tarde del domingo). El horario extendido de dos días comienza la noche del viernes y termina la noche del sábado. El horario corto de dos días comienza la noche del viernes y termina a las 5 de la tarde del sábado.

El horario de tres días:

Este horario empieza el viernes por la tarde (digamos 19:30 horas) y finaliza el domingo en la tarde (o quizás el domingo por la mañana, a tiempo para asistir a un culto en la iglesia, o un poco más tarde). Si escoges el horario de tres días, extiende las lecciones, permitiendo mucho más tiempo para la aplicación al final de cada lección. Permite un intermedio de dos a cinco horas durante la tarde del sábado (según el material cubierto la tarde del viernes y la mañana del sábado.

El horario extendido de dos días:

Este horario también empieza la noche del viernes y termina el sábado por la noche después de la última sesión (quizás a las 21.00 horas). Este programa también permite tener más tiempo para la aplicación y un descanso por la tarde de 1-2 horas. Este es el horario preferido.

El horario corto de dos días:

Muchas iglesias en países occidentales utilizan el horario corto de dos días debido a las restricciones del tiempo. He dirigido varios encuentros con el horario corto de dos días y han funcionado muy bien. No obstante, en estos casos se tiene que asegurar la fluidez de una lección a otra. Si decides usar este horario, te recomiendo una planificación diligente y ceñirte fielmente al programa. A continuación mis recomendaciones:

- Viernes de 19.00 a 21.30 hs. (completar las lecciones 1-3)
- Sábado de 9.00 a 17.00 hs.
  - 9.00 a 12.00 del mediodía: Completar las lecciones 4, 5 y parte de 6 (hasta la parte de la encuesta espiritual)
  - 12.00 del mediodía: almuerzo
  - 13.00 hs: Comenzar con la dinámica de aplicación de la encuesta espiritual de la Lección 6 (rellenar la encuesta espiritual y reunirse con un compañero para confesarse mutuamente y hacerse responsables el uno al otro en cuestión de integridad) y después completar las lecciones 7-8.
  - 17.00 hs: Despedida con oración

Encuesta espiritual

Por favor, marca con una X las áreas en las que has participado en el pasado o en las que luchas en el presente. Si tu familia se ha encontrado o se encuentra en una de estas condiciones, haz un círculo en la casilla correspondiente. Nadie más necesita leer esta encuesta. Lo que escribas queda entre tú y el Señor. Sé completamente honesto y permite que el Espíritu Santo traiga a tu mente cada situación o condición en la que Él quiere sanarte.

1. Qué tipos de pecados o situaciones se han repetido en tu familia (padres, abuelos, etc).

- ☐ Adulterio
- ☐ Fornicación
- ☐ Violación
- ☐ Suicidios
- ☐ Enfermedades físicas. Escribe _____ qué tipos
- ☐ Estafas
- ☐ Robos
- ☐ Pobreza
- ☐ Divorcio
- ☐ Enfermedad mental
- ☐ Otro _____

2. ¿Cuál de los siguientes casos se han presentado en tu vida?

- ☐ Yo he sido maldecido por los miembros de mi familia
- ☐ Nací de fornicación y/o adulterio
- ☐ No me quisieron desde el momento de la concepción y el embarazo

☐ Mi padre o madre murieron durante los primeros años de mi vida
☐ Yo fui huérfano o mis padres me abandonaron
☐ Mis padres se divorciaron o se separaron antes de que yo fuera adulto
☐ Fui tratado con crueldad durante la niñez
☐ Me abusaron sexualmente durante la niñez
☐ Tengo recuerdos muy dolorosos que son recurrentes
☐ Quisiera nunca haber nacido o estar vivo hoy
☐ Tengo hábitos que no puedo controlar, como: _____

3. Problemas emocionales que yo no puedo controlar:
☐ Rencor
☐ Temor
☐ Miedo
☐ Depresión excesiva
☐ Negatividad
☐ Temor a la muerte
☐ Temor al fracaso
☐ Temor al futuro
☐ Rechazo
☐ Temor a la soledad
☐ Pensamientos suicidas
☐ Amargura
☐ Falta de perdón
☐ Otro _____

4. Tengo problemas de rencor con los del sexo opuesto (o quizás del mismo sexo).

5. Tengo tentaciones o inclinaciones hacia:
☐ La homosexualidad
☐ El lesbianismo
☐ La pornografía
☐ Otro _____

6. Los pensamientos siguientes me atormentan continuamente:

- ☐ Culpa, condenación (incluso después de haber confesado mis pecados a Dios)
- ☐ Tengo mucha dificultad en perdonar a los demás — incluso a mí mismo.
- ☐ Siento resentimiento contra Dios
- ☐ Mantengo profundos resentimientos hacia cierta gente (familiares, viejos amigos, un ex-esposo o ex-esposa, un jefe, etc.).
- ☐ Siento un profundo resentimientos hacia ciertas personas o grupos éticos de trasfondos similares o distintos a los míos sin tener razón (ricos, pobres, campesinos, gente de ciudad, judíos, negros, indígenas, etc.).
- ☐ Siento ganas de maldecir a Dios y hacer cosas como destruir biblias.

7. Marca la casilla correspondiente si has participado o has tenido contacto con:

- ☐ Sectas religiosas falsas como: Testigos de Jehová, Mormones, Hare Krishna, etc.
- ☐ Brujería
- ☐ Juegos espirituales (Ouija, etc.)
- ☐ Espiritismo
- ☐ Astrología
- ☐ Hipnosis
- ☐ Magia negra o blanca
- ☐ Viajes extraterrestres
- ☐ Espíritus sexuales
- ☐ Te han leído la mano o echado las cartas
- ☐ Contacto con «seres de luz»
- ☐ Guías espirituales
- ☐ Extraterrestres
- ☐ Filosofía de la Nueva Era
- ☐ He sentido la presencia del mal alrededor de mí
- ☐ Otro _____

8. Otro

- [ ] He abortado o participado en un aborto
- [ ] Fui consagrado a un santo, a una virgen o a un pariente muerto
- [ ] He recibido imágenes de buena suerte en mi negocio, casa, familia, etc.
- [ ] He participado en la actividades religiosas orientales
- [ ] He hecho pactos de sangre con alguien o con un grupo de personas

Índice

43593264R00064

Made in the USA
Middletown, DE
13 May 2017